No te estreses, simplemente invierte

Es el momento de empezar a invertir y seguir con tu vida

Alec Renehan y Bryce Leske
EquityMates

EDICIONES OBELISCO

Si este libro le ha interesado y desea que le mantengamos informado de nuestras publicaciones, escríbanos indicándonos qué temas son de su interés (Astrología, Autoayuda, Psicología, Artes Marciales, Naturismo, Espiritualidad, Tradición…) y gustosamente le complaceremos.

Puede consultar nuestro catálogo en www.edicionesobelisco.com

Los editores no han comprobado la eficacia ni el resultado de las recetas, productos, fórmulas técnicas, ejercicios o similares contenidos en este libro. Instan a los lectores a consultar al médico o especialista de la salud ante cualquier duda que surja. No asumen, por lo tanto, responsabilidad alguna en cuanto a su utilización ni realizan asesoramiento al respecto.

Colección Empresa
No te estreses, simplemente invierte
Alec Renehan y Bryce Leske

Título original: *Don't Stress, Just Invest*

1.ª edición: septiembre de 2024

Traducción: *Jordi Font*
Maquetación: *Juan Bejarano*
Corrección: *M.ª Jesús Rodríguez*
Diseño de cubierta: *Carol Briceño,*
sobre una imagen de Enrique Iborra

Edita: Ediciones Obelisco, S. L.
Collita, 23-25. Pol. Ind. Molí de la Bastida
08191 Rubí - Barcelona - España
Tel. 93 309 85 25
E-mail: info@edicionesobelisco.com

ISBN: 978-84-1172-180-6
DL B 9552-2024

Impreso en SAGRAFIC
Passatge Carsí, 6 - 08025 Barcelona

Printed in Spain

Con un espíritu de reconciliación, nos gustaría reconocer y rendir homenaje a los pueblos bidjigal y gadigal de la nación eora, custodios tradicionales de la tierra en la que se escribió este libro. Quisiéramos hacer extensivo ese respeto a todos los pueblos aborígenes e isleños del Estrecho de Torres de Australia.

A Alice y a Harriet, por hacer que invertir para el futuro sea mucho menos abstracto.

En una fiesta organizada por un multimillonario en Shelter Island, Kurt Vonnegut explica a su amigo, el autor Joseph Heller, que su anfitrión, un gestor de fondos de cobertura, había ganado más dinero en un solo día del que Heller había ganado con su popular novela *Trampa 22* a lo largo de toda su vida.

—Sí, pero yo tengo algo que él nunca tendrá: suficiente –le responde Heller.

JOHN BOGLE, DISCURSO DE GRADUACIÓN EN LA
UNIVERSIDAD DE GEORGETOWN EN MAYO DE 2007

Justo lo que necesitas y nada más

Sea quien seas y te encuentres donde te encuentres, es probable que estés estresado por el dinero.

No estás solo. Toda nuestra sociedad está estructurada en torno al dinero. Se nos incentiva a sacar buenas notas en la escuela para que podamos conseguir un buen trabajo. Ahorramos y ahorramos hasta que tenemos suficiente dinero para pedir prestado más para comprar una casa. La mayor parte de nuestra vida laboral está orientada a tener suficiente dinero en nuestra cuenta de jubilación para poder dejar de trabajar.

El dinero, la falta de dinero y los esfuerzos por ganar más dinero mueven la estructura de nuestras vidas. Cualquiera que sea tu relación con el dinero, es probable que consideres que no estás haciendo lo suficiente.

«¿Lo que estoy haciendo es suficiente para vivir la vida que quiero?». Este sentimiento se ve agravado por las envidiables vidas que seguimos *online*. «¿Por qué no puedo vivir en una casa como ésta? ¿Conducir un coche como éste? ¿Tener unas vacaciones como éstas?».

Mientras pensábamos en este libro, nos encontramos atrapados en el concepto de «suficiente». Existen muchos libros sobre finanzas e inversiones que ofrecen una guía completa del mundo de las inversiones. (Un poco de propaganda, escribimos este libro por si estás interesado: *Get Started Investing*, disponible en las mejores librerías). Esta vez queríamos hacer algo diferente. En lugar de intentar explicar el 100 % del mundo de las finanzas, estamos aquí para explicar por qué nunca necesitarás saber el 99 %.

En *No te estreses, simplemente invierte* sólo intentamos explicar una cosa: lo único que a todo el mundo se le debería enseñar en la escuela, lo único que todo el mundo debería hacer.

Qué cubrimos	Qué no cubrimos
Automatizar las inversiones periódicas en el mercado de acciones	Acciones individuales Valoración Propiedad Criptomonedas Planificación de la jubilación Asesoría fiscal Comercio de opciones ESG y sostenibilidad

Tratar de explicar a grandes rasgos la forma más sencilla de invertir en el mercado de acciones conlleva muchas soluciones intermedias. Hay muchos temas que valen la pena para los que necesitarás adquirir otro libro sobre finanzas (una vez más, un poco de propaganda: *Get Started Investing*, disponible en las mejores librerías). Ésta es tu guía paso a paso para organizar tus cuentas de inversión y seguir adelante con tu vida.

No te estreses, simplemente invierte va sobre lo suficiente: trabajar lo suficiente para conseguir suficientes beneficios para vivir una vida lo suficientemente cómoda.

Esperamos poder ayudarte a superar cualquier incertidumbre que tengas a la hora de invertir. Más que otra cosa, queremos que termines este libro con más confianza en tu dinero.

Puedes acumular riqueza más que suficiente sin ni siquiera negociar futuros o aprender a leer un gráfico de velas (o saber lo que significan estos términos). Se puede ser inversor en bolsa sin necesidad de comprar nunca una acción de una empresa. Esto sorprende a mucha gente, pero te enseñaremos cómo.

Gestionar tu dinero no debería resultar tan difícil. Y estamos aquí para decirte que no lo es. Poner tu dinero a trabajar puede ser un proceso sencillo y automatizado. Puedes leer este libro, organizar tus cuentas y no volver a leer nunca más otro libro sobre finanzas, visitar un sitio web sobre finanzas o escuchar un pódcast sobre finanzas. Esto puede sonarte extraño viniendo de dos personas con libros, sitios web y pódcasts sobre inversiones, pero, sinceramente, estamos de acuerdo con que leas este libro y luego decidas no volver a escuchar ninguno de nuestros pódcasts. Tendrás suficiente con este libro para convertirte en un inversor durante toda tu vida, dedicando a ello menos de un par de minutos al mes. Leer este libro será el paso más importante.

Un apunte final antes de entrar en materia: en *No te estreses, simplemente invierte* hemos incluido algunas de nuestras historias favoritas sobre negocios y dinero. A veces todos necesitamos un receso del contenido sobre inversiones.

También tenemos la misión de convencer a más personas de que este mundo de los negocios y el dinero puede resultar interesante. ¿Y sobre qué te interesaría leer más: la rivalidad familiar que dividió una ciudad y creó dos de las marcas de ropa deportiva más importantes del mundo o una contabilidad de los rendimientos anuales del precio de las acciones de Adidas y Puma?

Al compartir algunas de nuestras historias favoritas, esperamos poder compartir nuestra fascinación por este mundo y convencerte de que elijas tu próximo libro de finanzas o te suscribas a tu próximo pódcast de finanzas (¡preferiblemente el nuestro!). Si no podemos convencerte de que comiences a invertir, al menos conocerás algunas historias interesantes para compartir en el bar o en tu próxima cena.

Dicho esto, empecemos.

Cuatro pasos para invertir

Cuatro pasos. Trece palabras. Menos de un minuto para ponerlo en marcha. Esto es todo lo que necesitas para empezar a generar riqueza.

Es casi demasiado simple para escribir un libro sobre ello.

Dependiendo del lugar del mundo en el que te encuentres, los nombres de las plataformas que utilizas y los fondos que compras pueden cambiar, pero el plan no. Al final de *No te estreses, simplemente invierte* estarás de acuerdo en que este plan es suficiente.

1. Cobra

2. Automatiza tu inversión

3. Compra un poco de todo

4. Repite con cada pago

CONOCIMIENTOS BÁSICOS

(También conocido como lo que nos deberían
haber enseñado en la escuela)

El objetivo número uno de generar riqueza no es generar riqueza

El viento apaga una vela y aviva el fuego.

Lo mismo sucede con el azar, la incertidumbre, el caos: queremos usarlos, no ocultarnos de ellos. Queremos ser el fuego y desear el viento.

NASSIM NICHOLAS TALEB, *Antifrágil*

Sería de gran ayuda si alguien fuera capaz de cuantificar exactamente cuánto dinero vamos a gastar a lo largo de nuestra vida. Si alguien, mirando nuestra genética, nuestro estilo de vida y nuestra dieta, fuera capaz de calcular cuánto tiempo vamos a vivir. Nos preguntaría si queremos formar una familia, dónde queremos vivir, cuándo queremos jubilarnos y qué nos gusta hacer. Entonces introduciría todos datos en un ordenador gigante y escupiría la cifra: *durante tu vida gastarás 3.562.902 dólares. (Nuestro editor quiere que seamos claros: hemos sacado este número de la nada. No dejes este libro pensando que hemos calculado tu número).*

Cada año, podríamos trabajar, ganar y gastar, y ver cómo nuestro contador baja cada vez más: *te quedan 2.112.364 dólares.*

Y podríamos jubilarnos cuando nuestro saldo bancario coincidiera con la cifra que nos queda por gastar.

Por desgracia, la vida no funciona así. Quiénes seremos en el futuro es tan incierto como el futuro de la tecnología. Incluso el valor futuro de nuestro dinero es incierto a causa de la inflación.

Ante un futuro incierto, ¿qué debemos hacer?

Invertir y generar riqueza. No para que podamos llevar la cuenta y comprar una casa más grande, sino para que podamos incorporar resiliencia a nuestra vida.

Gestionar tu dinero, presupuestar, invertir, generar riqueza: no son fines en sí mismos. Son formas de conceder a nuestro futuro más flexibilidad y opciones.

Porque, por mucho que odiemos escribir esto, el dinero importa.

Angus Campbell, psicólogo de la Universidad de Michigan, estudió la felicidad y descubrió que era difícil agrupar a quienes eran «más felices» según un factor demográfico. Los ingresos, la educación, la localización, la edad y la geografía no eran buenos predictores de la felicidad. En cambio, Campbell concluyó que «tener un marcado sentido de controlar la propia vida es un predictor más fiable de sentimientos positivos de bienestar que cualquiera de las condiciones objetivas de vida que hemos considerado».

Desarrollar buenos hábitos financieros ahora nos dará ese control en el futuro. En la mayoría de los casos, disponer de dinero es lo que nos da el control. Control sobre dónde vivimos. Control sobre qué trabajo aceptamos (o, más importante, qué trabajo dejamos). Control sobre el tamaño de nuestra familia, nuestros destinos de viaje, nuestra edad de jubilación.

A lo largo de nuestra vida nos golpeará la aleatoriedad, la incertidumbre y el caos. Las crisis financieras son una realidad. Ya sea a causa de un embarazo inesperado, de una enfermedad de larga duración, de un negocio que fracasa, de un divorcio complicado o de la muerte de un familiar, de lo único de lo que podemos estar seguros es que nuestro futuro financiero está lejos de ser seguro.

Al igual que Taleb, queremos ser el fuego y ansiamos el viento. Deberíamos comenzar el viaje de generar riqueza hoy mismo para tener opciones mañana.

Independientemente de lo que pienses sobre la distribución de beneficios en nuestra sociedad, que ensancha la desigualdad de la riqueza, y qué necesidades básicas debería garantizar una nación rica, el hecho es que nuestra vida es corta y el cambio a menudo es lento. Éste es el sistema en el que estamos atrapados. Depende de nosotros sacar el mejor provecho de él. No dejes que tu deseo de cambiar el sistema te impida tomar medidas para cambiar tu vida.

¿Alguna vez te has preguntado por qué hay tantos restaurantes tailandeses?

Independientemente de dónde estés leyendo esto, es muy probable que tengas un restaurante tailandés cerca. Y esto no es una casualidad. En 2002, el gobierno tailandés lanzó un programa con el objetivo de ampliar el número de restaurantes tailandeses en todo el mundo.

Bienvenido al mundo de la gastrodiplomacia.

Se dice que el camino al corazón de una persona es a través del estómago. El gobierno tailandés pretende que desarrollemos sentimientos por Tailandia. Lo que comienza con nuestra comida para llevar tailandesa debajo de casa puede terminar en un viaje a Tailandia o comprando más a empresas tailandesas. Se trata básicamente de una campaña de relaciones públicas para crear una buena imagen de Tailandia a través de sus restaurantes en todo el mundo.

En 2002, había 5.500 restaurantes tailandeses fuera de Tailandia. En 2011, había más de 10.000. Para 2018, ya eran más de 15.000. El gobierno tailandés ayuda de varias maneras:

- Dos bancos tailandeses ofrecen préstamos de hasta tres millones de dólares estadounidenses a ciudadanos tailandeses que quieran abrir un restaurante en el extranjero.
- Los diplomáticos tailandeses en todo el mundo ayudan con la logística y la estrategia, e incluso pueden ayudar con el marketing y la gestión de la cadena de suministro.
- El Ministerio de Salud Pública de Tailandia publicó un «Manual para chefs tailandeses que viajan al extranjero» que proporciona información sobre contratación, capacitación e incluso los gustos de los extranjeros.
- El Ministerio de Economía de Tailandia otorga un premio Thai Select para tratar de mantener la calidad y «garantizar el auténtico sabor tailandés». El proceso de revisión incluye una visita sorpresa de un representante del gobierno tailandés para probar la comida del restaurante.

El gobierno tailandés no está solo.

En 2009, el gobierno de Corea del Sur lanzó un programa similar y el número de restaurantes coreanos en el extranjero se incrementó de 9.253 en

2009 a 33.499 en 2017. De manera similar, Taiwán lanzó un programa en 2011 y el té de burbujas (o *bubble tea*) se ha vuelto tan popular que no hemos podido encontrar datos sobre el número de restaurantes y cafeterías a nivel mundial.

Creemos que Australia debería sumarse a esta tendencia: ¡ayudemos a exportar la cultura del café australiano al mundo! *Flat whites*[1] y aguacate machacado para todos.

---

1. Bebida de café creada en la década de 1980 que se prepara añadiendo una capa muy fina de leche caliente o de microespuma a un café expreso. *(N. del T.)*.

Si esto te resulta difícil, no estás solo

Hace quinientos millones de años, una diminuta criatura marina cambió el curso de la historia: se convirtió en el primer depredador. De alguna manera sintió la presencia de otra criatura cerca, se propulsó o serpenteó, y se la comió deliberadamente.

Esta nueva actividad de caza inició una carrera armamentista evolutiva. A lo largo de millones de años, tanto los depredadores como las presas desarrollaron cuerpos más complejos que podían sentir y moverse con mayor eficiencia para atrapar o esquivar a otras criaturas.

Con el tiempo, algunas criaturas desarrollaron un centro de mando para controlar esos complejos cuerpos. Lo llamamos cerebro.

DRA. LISA BARRETT, «YOUR BRAIN IS NOT FOR THINKING»,
THE NEW YORK TIMES, 23 DE NOVIEMBRE DE 2020

Un mensaje que vamos a repetir una y otra vez en *No te estreses, simplemente invierte*: si te resulta difícil entender cómo invertir, no pasa nada. No estás solo. Invertir es el proceso de ahorrar dinero ahora con la expectativa de tener más en el futuro. Y el futuro es incierto.

Desafortunadamente, nuestros cerebros no se desarrollaron para esto, y una y otra vez han demostrado ser bastante pobres en la toma de decisiones financieras a largo plazo. Toda nuestra biología evolutiva, nuestros impulsos y nuestros instintos han evolucionado a lo largo de millones de años para ayudarnos a sobrevivir día a día, no para planificar las próximas décadas.

Comparemos la historia de 500 millones de años de desarrollo de nuestro cerebro con la idea relativamente nueva del sistema financiero moderno. Las tarjetas de crédito se introdujeron en la década de 1950. Los fondos índice en la década de 1970. Los fondos cotizados en bolsa (o ETF) en la década de 1990. Incluso la idea de la jubilación es relativamente nueva. Se le suele atribuir al canciller alemán Otto von Bismarck la introducción en 1889 de la idea moderna de jubilación con una pensión gubernamental. Un poco antes, en 1875, la American Express creó el primer plan de jubilación proporcionado por una empresa estadounidense. Antes de esto había una idea generalmente aceptada de que trabajabas hasta que te veías obligado a dejar de trabajar.

Estos primeros programas de jubilación lo cambiaron todo. En 1890, en Estados Unidos la tasa de participación de los hombres de más de 65 años en la fuerza laboral era del 74%. En 1990, era sólo del 18%. Una jubilación cómoda es un ideal muy característico del siglo XX.

Y para respaldar este sueño de jubilación, evolucionó el producto de jubilación financiera. Gobiernos de todo el mundo comenzaron a introducir todo tipo de planes con nombres adecuadamente confusos. En Canadá, en 1957 se implantaron los Planes Registrados de Ahorro para la Jubilación. En Estados Unidos, el 401(k) se implantó en 1978 y el Roth IRA en 1998. En Australia, la Pensión de Jubilación Garantizada se introdujo en 1992. En el Reino Unido, los Planes de Equidad Personal se introdujeron en 1986 y fueron reemplazados en 1999 por cuentas de ahorro individuales.

Si consideras que estás intentando descubrir la manera de ahorrar para tu jubilación, es porque los gobiernos también la están intentando descubrir.

Como escribe Morgan Housel en *Cómo piensan los ricos*, «los perros fueron domesticados hace diez mil años y aún conservan algunas conductas de sus antepasados salvajes. Y, aun así, aquí estamos nosotros, con entre veinte y cincuenta años de experiencia en el sistema financiero moderno, con la esperanza de estar perfectamente aclimatados a él». Pero eso sólo cuenta la mitad de la historia. No es sólo que seamos nuevos en esto, es que no estamos diseñados para ello. Cuando invertimos, constantemente estamos luchando contra nuestros instintos e impulsos.

Ésta es la sección de *No te estreses, simplemente invierte* en la que intentamos explicar cuatro conceptos que los científicos nos dicen que nuestro cerebro no puede comprender del todo. ¡No te preocupes, no estás solo!

1. Nuestros cerebros no son buenos planificando a largo plazo.
2. Nuestros cerebros se agobian si tienen demasiadas opciones.
3. A nuestros cerebros no les gusta la incertidumbre.
4. Nuestros cerebros no pueden comprender el crecimiento exponencial.

Planificar a largo plazo

En 2009, Hal Hershfield, psicólogo de la Anderson School of Management de la Universidad de California, quería investigar por qué la gente no ahorraba para la jubilación. A pesar del aumento de la esperanza de vida, las tasas de ahorro en Estados Unidos han disminuido en las últimas décadas.

Al examinar los cerebros de los participantes en estos estudios de investigación, Hershfield descubrió que nuestra actividad cerebral cuando pensamos en nuestro yo futuro se parece más a la actividad cerebral cuando pensamos en los demás actuales que en nuestro yo actual. Básicamente, nuestros cerebros consideran que nuestro yo futuro es una persona completamente diferente.

Cuando aplazamos hoy el consumo para ahorrar o invertir nuestro dinero, esencialmente estamos regalando dinero a otra persona. Otro (nuestro yo futuro) se beneficiará de nuestro ahorro. Cuando aplicamos los descubrimientos de Hershfield fuera del mundo de las finanzas, también ayudan a explicar otras acciones contraproducentes, como los alimentos que no deberíamos comer o el ejercicio que no hacemos. Desde una perspectiva evolutiva, esto tiene sentido. Nuestros cerebros se han desarrollado para ayudarnos a sobrevivir momento a momento, y, si bien somos los únicos primates que podemos planificar con anticipación (al menos según el psicólogo Martin Seligman), eso no significa que lo hagamos bien. Nuestros cerebros son excelentes para encontrar la siguiente fuente de alimento y activar nuestra respuesta de lucha o huida. Los problemas futuros son para nuestros yos futuros.

Elección

En su libro de 2004, *The Paradox of Choice*, el psicólogo Barry Schwartz explica cómo una mayor variedad de opciones (desde artículos en un supermercado hasta posibles trayectorias profesionales), en realidad, incrementa la ansiedad. Nos saturamos por la cantidad de opciones a nuestra disposición y nos sentimos peor con la decisión que finalmente tomamos, siempre preguntándonos si alguna de las otras opciones hubiera sido mejor. Esto es similar a la «parálisis del análisis», cuando consumimos tanta información sobre un tema que nos cuesta tomar una decisión.

El profesor Scott Galloway de la Escuela de Negocios Stern de la Universidad de Nueva York resume muy bien el problema: «La elección es impuesto sobre el tiempo y la atención. Los consumidores no quieren más opciones, sino más confianza en las opciones que se les presentan».

Una vez más, nuestros cerebros no han evolucionado para gestionar las opciones que tenemos a nuestra disposición hoy en día. En ninguna otra parte esto es más evidente que en la inversión. Una de las preguntas más frecuentes que nos hacen los nuevos inversores es «¿con qué bróker *online* debería registrarme?». Con más de treinta opciones sólo en Australia, tiene sentido. Combina la abrumadora elección de treinta plataformas increíblemente similares con que lo que está en juego es arriesgar tu dinero y tendrás una receta para una sobrecarga de opciones.

La abrumadora cantidad de opciones no termina ahí. Hay más de 58.000 empresas que cotizan en todo el mundo, más de 7.000 fondos cotizados en bolsa e innumerables expertos con ideas sobre lo que debes hacer. No es de extrañar que este mundo nos resulte abrumador.

Incertidumbre

Según el novelista estadounidense H. P. Lovecraft, «la emoción más antigua y más fuerte de la humanidad es el miedo, y el tipo de miedo más antiguo y más fuerte es el miedo a lo desconocido». Dio bastante en el clavo. Nuestros cerebros son máquinas de reconocimiento de patrones. Cuando podemos identificar patrones, podemos desarrollar hábitos y podemos evitar el peligro. Nuestros cerebros son reacios a la incertidumbre y un estudio de 2014 de la Universidad de Wisconsin encontró cómo la incertidumbre altera muchos de los procesos mentales que gobiernan la acción rutinaria y puede conducir a reacciones emocionales exageradas ante experiencias o informaciones negativas.

Y no hay nada más incierto que intentar predecir el futuro. Pensando en lo que está por venir, extrapolando tendencias, considerando nuevas tecnologías y luego tratando de descubrir qué industrias serán más grandes, cuáles serán más pequeñas y qué empresas serán las vencedoras, no es de extrañar que la mayoría de las personas no sean grandes inversores: nuestros cerebros no pueden procesar tantas variables posibles y tanta incertidumbre.

Cuando se trata de invertir, a menudo no se sabe si se ha tomado una buena decisión hasta dentro de unos cuantos años, a veces incluso décadas. Además, cuando se trata de nuestras finanzas personales, también hay un enorme signo de interrogación. ¿Cuánto dinero necesitaremos a lo largo de nuestra vida? ¿Qué querremos hacer? ¿Dónde querremos vivir? ¿Cuán grande será la familia que queremos? ¿Cuál será la inflación en las próximas décadas? ¿Qué pasará si nos ponemos enfermos?

Cuando se trata de dinero e inversiones, la incertidumbre está por doquier.

Crecimiento exponencial

El crecimiento exponencial es una de las características más sorprendentes de la inversión, pero a nuestro cerebro le cuesta comprenderlo. Por lo general pensamos linealmente (todo el mundo puede sumar 6 + 6 + 6) pero nos cuesta pensar exponencialmente (menos personas son capaces de multiplicar 6 × 6 × 6).

Sin embargo, encontramos crecimiento exponencial en todas partes. El crecimiento demográfico es quizás el ejemplo más claro. Piensa en tu árbol genealógico: a medida que cada generación sucesiva tiene varios hijos, el número de ramas crece exponencialmente. Por eso, a escala global, el mundo tardó 123 años en pasar de 1.000 a 2.000 millones de habitantes y sólo 11 años en pasar de 7.000 a 8.000 millones.

En el año 2020, el mundo recibió un curso intensivo sobre crecimiento exponencial. A medida que la COVID-19 comenzó a extenderse por todo el mundo, los informes decían que el número de casos se duplicaba cada tres o cuatro días. Todos nos convertimos en virólogos de salón y nos topamos con el número R, que mide la rapidez con la que se propaga la infección en una población. Un valor R de 1 significa que cada persona infectada infecta a otra persona (eso es un crecimiento lineal). En los primeros días de la pandemia, veíamos valores R de entre 2 y 3, lo que significa que cada persona infectada infectaba a dos o tres personas más (eso es un crecimiento exponencial).

Incluso las personas más inteligentes del mundo tienen problemas para comprender el crecimiento exponencial. En 2004, Bill Gates se sorprendió al ver que Gmail ofrecía 2 gigabytes de almacenamiento gratuito. No podía entender cómo los usuarios necesitaban tanto. Hoy en día, Gmail regala 15 gigabytes de serie. El rendimiento informático ha crecido exponencialmente mientras que el coste del almacenamiento informático ha caído exponencialmente. Sin embargo, ni siquiera Bill Gates, que estaba en primera línea de la revolución informática, fue capaz de mirar hacia el futuro y pensar que estas tendencias continuarían.

Cuando se trata de finanzas, el crecimiento exponencial de nuestro dinero está impulsado por una de las fuerzas más poderosas del mundo: la capitalización. La capitalización se produce cuando el dinero que ganas con una inversión también comienza a generar dinero, lo que con el tiempo conduce a un crecimiento exponencial de tu riqueza.

En el primer año de una inversión, ganarás dinero. En el segundo año, ganarás dinero con el dinero que invertiste al principio y con el dinero que has ganado el primer año. Y así continuamente, ya que cada año el dinero que has ganado en años anteriores también te permite ganar dinero.

Vuelve a pensar en el crecimiento lineal (6 + 6 + 6) y el crecimiento exponencial (6 × 6 × 6). Si ahorramos una cantidad constante cada año, veremos crecer nuestra riqueza de forma lineal. En cambio, si invertimos ese dinero, veremos crecer nuestra riqueza exponencialmente. Pero, como nuestros cerebros se esfuerzan por captar el crecimiento exponencial, nos cuesta ver cuán diferente podría ser.

Si nuestro dinero creciera linealmente, entonces la cantidad de dinero que ganaríamos cada año sería la misma. Cada año ahorramos 1.200 dólares debajo del colchón o en la cuenta de ahorro que prácticamente no paga intereses. En el caso del crecimiento exponencial, nuestro dinero crece una cantidad constante cada año (en este caso, el 8%, el promedio a largo plazo si nos ceñimos al mercado de acciones). Pero no se trata sólo del dinero que hemos invertido en un principio, sino que es todo el dinero que hemos ganado en años anteriores el que está creciendo junto con nuestra inversión inicial.

Éste es el poder de la capitalización en el mercado de acciones y es el motivo por el cual a menudo oirás a la gente decir «es necesario invertir a largo plazo». A largo plazo, los rendimientos promedio pueden convertirse en una riqueza por encima del promedio.

Ahorrar 100 $ al mes frente a invertir 100 $ al mes

	Ahorrar	Invertir (retorno ≈ 8%)
Año 1	1.200 $	1.245 $
Año 2	2.400 $	2.593 $
Año 3	3.600 $	4.054 $
Año 4	4.800 $	5.635 $
Año 5	6.000 $	7.348 $
Año 6	7.200 $	9.203 $
Año 7	8.400 $	11.211 $
Año 8	9.600 $	13.387 $
Año 9	10.800 $	15.743 $
Año 10	12.000 $	18.295 $
Año 11	13.200 $	21.058 $
Año 12	14.400 $	24.051 $
Año 13	15.600 $	27.292 $

	Ahorrar	Invertir (retorno ≈ 8%)
Año 14	16.800 $	30.802 $
Año 15	18.000 $	34.604 $
Año 16	19.200 $	38.721 $
Año 17	20.400 $	43.180 $
Año 18	21.600 $	48.009 $
Año 19	22.800 $	53.238 $
Año 20	24.000 $	58.902 $
	. . .	
Año 30	36.000 $	149.036 $
	. . .	
Año 40	48.000 $	349.101 $

Ahorrar 100 $ al mes frente a invertir 100 $ al mes

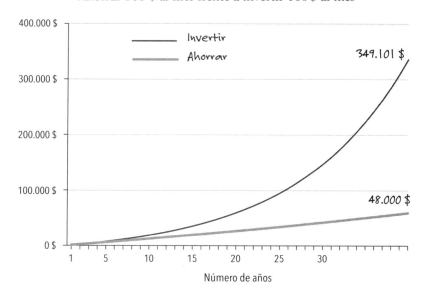

¿Conoces ese dicho que afirma que «la gente sobreestima lo que puede hacer en un año, pero subestima lo que puede hacer en diez»? Esto se debe a que a nuestros cerebros les cuesta pensar en qué hábitos constantes y regulares se desarrollarán con el tiempo.

No dejes que eso te impida empezar

Invertir es pedirle a nuestro cerebro que haga algo para lo que no hemos evolucionado: pensar a largo plazo, gestionar una gran cantidad de opciones, aceptar la incertidumbre y comprender el crecimiento exponencial. No es de extrañar que nos resulte tan difícil empezar.

No desesperes. En muchos aspectos de nuestra vida dominamos nuestro cerebro. La mejor manera que hemos encontrado al invertir es dejar de pensar en ello por completo. Cuanto menos pensamos, mejor invertimos.

Con nuevas plataformas de inversión, podemos automatizar nuestras inversiones. Así es como administramos nuestro dinero y nos aseguramos de no dejar que nuestro cerebro tome malas decisiones a largo plazo. Siempre encontraremos una razón para no invertir (*¿Está la bolsa a punto de desplomarse?*), pero, como veremos a lo largo de este libro, todo lo que necesitamos es un enfoque automatizado y consistente para invertir en el mercado de valores global.

Así pues, si ya has leído algunas docenas de páginas de *No te estreses, simplemente invierte* y ya te sientes inquieto, es normal. Hemos pasado por ello. Todo el mundo ha pasado por ello, porque nuestros cerebros no han sido creados para esto. No dejes que eso te frene: tu cerebro te lo agradecerá más adelante.

La diferencia entre un millón y un billón

No hay mejor ejemplo de la incapacidad de nuestro cerebro para pensar exponencialmente y tratar números grandes que la diferencia entre un millón (1.000.000) y un billón (1.000.000.000.000). Estas diferencias nos dejan la mente helada. Pero hoy en día vemos empresas que alcanzan valoraciones de billones de dólares, por lo que debemos esforzarnos aún más.

Un millón de segundos es más de 11 días.
Un billón de segundos son casi 318 siglos.

Un millón de centímetros es la distancia entre el Central Park de Nueva York y Wall Street.
Un billón de centímetros es dar 250 vueltas a la Tierra.

Hace un millón de minutos es irnos dos años atrás.

Hace un billón de minutos es remontarnos casi dos millones de años atrás, cuando aparecieron los primeros representantes del género Homo.

Nuestros cerebros piensan de forma lineal, no exponencial. Es por eso por lo que a menudo nos cuesta entender lo valiosa que puede resultar una inversión.

¿Cuánto es suficiente?

El concepto de «suficiente» no es algo de lo que hablemos a menudo cuando se trata de invertir. Parece que muchos inversores profesionales quedan atrapados en la competencia de intentar superarse los unos a los otros y la riqueza se convierte simplemente en una manera de llevar la cuenta. Finalmente se desconecta de cualquier significado real. Un dólar más no mejora sus vidas de ninguna manera, pero trabajan muy duro por conseguirlo.

Es importante volver al motivo por el que invertimos: eliminar el estrés financiero y dar una opción a nuestro yo futuro. Entonces, aparecen las dos preguntas:

1. ¿Cuánto dinero es suficiente para aliviar el estrés financiero y dar una opción a mi yo futuro?
2. ¿Es esta estrategia de inversión suficiente para alcanzar esa cifra?

¿Cuál es la cifra mágica?

Ésta es quizás la pregunta más importante y difícil de responder. Es casi imposible dar una respuesta única: depende del precio de la vida del lugar donde vivas y del tipo de jubilación que se deseas tener. Pero muchas organizaciones de jubilados en todo el mundo hacen todo lo posible para dar una indicación de cuánto dinero creen que necesitarás para vivir durante tu jubilación. Suponiendo que seas el propietario de tu propia casa sin tener que pagar hipoteca, ésta es la cantidad que debes tener guardada cuando te jubiles, según estos diferentes expertos (todas las cantidades se indican en la moneda local):

- La Association of Superannuation Funds of Australia afirma que se necesitan 545.000 dólares para una persona sola y 640.000 dólares en el caso de una pareja.
- Super Consumers Australia ha calculado que, basándose en una edad de jubilación de 65 años y una esperanza de vida media de 90 años, una pareja con

gastos medios necesita 402.000 dólares y una persona sola, 301.000 dólares, mientras que una pareja con gastos altos necesita un millón de dólares y una persona sola 745.000 dólares.

- *USA Today* explicó en 2020 que el estadounidense medio gasta 987.000 dólares después de llegar a la edad de jubilación.

En cambio, encuestas de todo el mundo sugieren que la gente común piensa que necesita un poco más:

- Una encuesta de 2021 realizada por News.com.au encontró que la mitad de los australianos creen que necesitan al menos 750.000 dólares para jubilarse.
- Una encuesta del Canadian Imperial Bank of Commerce encontró que la cantidad media que los canadienses pensaban que necesitaban para una jubilación cómoda era de 756.000 dólares.
- Charles Schwab encuestó a 1.000 estadounidenses y descubrió que el importe medio de jubilación que se consideraba necesario era de 1,7 millones de dólares.

Así pues, buenas noticias: los expertos creen que necesitaremos menos dinero para la jubilación del que creemos. Pero malas noticias: hay un abanico muy amplio de respuestas a esta pregunta. No todos los expertos están de acuerdo sobre la cifra mágica para jubilarnos que deberíamos conseguir.

Esto no debe sorprendernos. Hay un abanico muy amplio de formas de jubilarse, lo que lo convierte en una decisión personal. No podemos decirte cuál es la respuesta correcta. Todo lo que podemos hacer es ayudarte a que pienses cuál es tu cifra.

Hay dos grupos que han dedicado mucho tiempo a pensar en esto: los planificadores de jubilación y el movimiento FIRE. Para aquellos que no están familiarizados con FIRE, son las siglas de Financial Independence, Retire Early (es decir, independencia financiera, jubilación temprana). Tiene millones de seguidores en todo el mundo que intentan maximizar sus ingresos y minimizar sus gastos mientras son jóvenes para poder llegar a un momento en el que ya no necesiten trabajar.

Muchos en la comunidad FIRE utilizan la «regla del 4» para calcular su cifra para jubilarse. La regla del 4 analiza tus gastos anuales y afirma que necesitas 25 veces más para jubilarte cómodamente. El estudio original de William Bengen, publicado en 1994 en el *Journal of Financial Planning*, encontró que las personas que se jubilaron entre 1926 y 1976 podían retirar el 4 % de su fondo de jubilación cada año (ajustado a la inflación) y no quedarse sin dinero durante al menos tres décadas.

En 2011, un segundo estudio, en el que los profesores Cooley, Hubbard y Walz de la Trinity University (Texas) analizaron datos de entre 1926 y 2009, llegó a una conclusión similar.

La regla de los 4 es controvertida entre algunos miembros de la comunidad financiera, pero es una regla útil cuando se piensa en cuánto es suficiente. Por ejemplo, supongamos que quieres gastar 40.000 dólares al año en tu jubilación. Multiplica 40.000 dólares por 25 y obtienes un millón de dólares, por lo que eso se convierte en «suficiente». De la misma manera, si pretendes gastar 60.000 dólares al año en tu jubilación, multiplica 60.000 dólares por 25 y obtendrás 1,5 millones de dólares.

Utilizando la regla del 4, podemos empezar a pensar cuánto dinero necesitamos durante la jubilación. En el caso de Australia, por ejemplo, suponiendo que seamos propietarios de nuestra propia casa, la Association of Superannuation Funds of Australia estima que las parejas que se jubilan a los 65 años aproximadamente necesitan gastar 66.725 dólares al año para gozar de una jubilación cómoda, mientras que las personas que viven solas, 47.383 dólares al año. En el Reino Unido, la Pensions and Lifetime Savings Association estima que una pareja necesitaría entre 30.600 y 49.700 libras al año. En Canadá, un estudio de 2015 llevado a cabo por el BMO Bank of Montreal determinó que los canadienses jubilados gastan 28.800 dólares al año de media. En Estados Unidos, el US Bureau of Labor Statistics informa que el hogar estadounidense típico en edad de jubilación gasta 50.220 dólares al año.

Otra forma de pensar en lo que querrás gastar cada año es cuánto gastas actualmente. MoneySmart de Australia sugiere que, si eres propietario de tu propia casa, necesitarás dos tercios (67 %) de tus ingresos previos a la jubilación para mantener tu nivel de vida durante la jubilación. Si ganas y gastas 100.000 dólares antes de jubilarte, deberías esperar gastar alrededor de 67.000 dólares al año después de la jubilación. (Aplicar la regla del 4 –67.000 dólares × 25– significa que estás buscando 1,68 millones de dólares en tu plan de pensión individual). En Estados Unidos, el gigante de servicios financieros Fidelity tiene una regla del 45 %, que establece que tus ahorros para la jubilación deben generar alrededor del 45 % de tus ingresos antes de la jubilación y antes de impuestos. (Utilizando un salario de 100.000 dólares y la regla del 4 –45.000 dólares × 25– 1,13 millones de dólares sería tu cifra).

Se trata de un abanico de países y monedas diferentes, pero todos con demografías y economías bastante similares. Todo su gasto anual parece rondar los 50.000 dólares. Aplicando la regla del 4, parece que queremos superar esa marca de un millón (ya sea un millón de dólares, un millón de libras esterlinas o un millón de euros) como punto de partida. Ahí es donde los expertos parecen situar una jubilación confortable.

No tenemos ni idea
de lo que nuestro yo futuro quiere

Aquí hay un desafío adicional. Cuando hacemos planes de jubilación a los veinte, los treinta o los cuarenta años, realmente vamos a ciegas. No tenemos ni idea de quién será nuestros yo futuro ni de qué querrá.

Existe un concepto en psicología que se conoce como «ilusión del fin de la historia» que sugiere que personas de todas las edades creen que han experimentado un crecimiento personal significativo y que quienes son en el momento presente no cambiarán sustancialmente en el futuro. Básicamente, somos en lo que nos convertiremos.

Piensa en quién eras hace diez años: qué hacías, con quién lo hacías, hacia dónde veías que se encaminaba tu vida, incluso algunos de tus valores y preferencias fundamentales. Piensa en cuánto ha cambiado desde entonces. Compáralo con el lugar donde crees que estará tu vida dentro de diez años. Es probable que hayas cambiado mucho más en los últimos diez años de lo que crees que cambiará en los próximos diez. Así no es cómo funciona la vida.

En Estados Unidos, poco más de una cuarta parte de los graduados universitarios trabajan en un campo relacionado con su especialidad. En Australia, esa cifra asciende a un tercio de los graduados universitarios. Y en el Reino Unido, la cifra llega a la mitad de todos los graduados del país. Lo que la mayoría de la gente elige estudiar cuando tienen dieciocho años no es lo que han terminado haciendo con sus vidas.

Los seres humanos tienden a pensar que han llegado a su «fin de la historia» y que no cambiarán sustancialmente a partir de ese momento. Pero cambiaremos. No tenemos ni idea de quién será nuestro yo futuro ni de qué querrá. Lo único que sí sabemos es que, independientemente de lo que quiera ese ser futuro, lo más probable es que el dinero ayudará.

Sea cual sea tu cifra actual para la jubilación, tal vez aumente un poco. Tu yo futuro puede tener más personas a quienes mantener, tener que hacer frente a retos inesperados o simplemente tener gustos más caros.

El futuro será más caro

Nuestro chiste favorito sobre la inflación (y sí, hemos escrito un libro sobre inversiones y tenemos un chiste favorito sobre la inflación) es del comediante estadounidense Henry Youngman: «Los estadounidenses se están volviendo más fuertes. Hace veinte años, se necesitaban dos personas para transportar alimentos por valor de diez dólares. Hoy en día, un niño de cinco años puede hacerlo».

En 2022, la palabra de moda en economía fue «inflación». En todo el mundo los precios de todo se dispararon y todos notamos el impacto de precios más altos en el supermercado, en la gasolinera y en cualquier otro lugar.

La inflación es un motivo clave por el que no sólo debes ahorrar dinero, sino que también por el que es necesario invertirlo. La inflación, asimismo, es el motivo por el cual probablemente necesitarás más de lo que crees durante la jubilación. El futuro será caro.

A medida que van aumentando los precios de bienes y servicios, tu dinero compra menos. Si no vas a gastar tu dinero hoy, querrás encontrar una manera de poder comprar la misma cantidad de cosas en el futuro (a esto se le llama conservar tu poder adquisitivo).

El ejemplo clásico es cómo tus abuelos podían comprar una hogaza de pan en las tiendas locales por 20 centavos y ahora llegas a gastar 4 dólares. Si tus abuelos hubieran ahorrado su dinero debajo del colchón (o en una cuenta de ahorro pagando el 0,01 %), habrían podido comprar cada vez menos pan con el dinero ahorrado. Invertir ese dinero en lugar de ahorrarlo les permitía conservar el poder adquisitivo.

Si la inflación es del 4 %, querrás obtener al menos un rendimiento del 4 % de tu cuenta de ahorro o de tus inversiones. De lo contrario tendrás que comprar menos. O, poniéndolo en cifras de 2022, si la inflación es del 10 %, tu interés del 0,01 % en tu cuenta de ahorro del Bank of America no será suficiente. (Y sí, lo hemos comprobado, eso es lo que ofrece BoA en el momento de escribir este libro). Cuando predices cómo serán los precios en el futuro, empiezas a ver por qué no va a bastar con ahorrar dinero en el banco.

Precios con el 3 % de inflación

	Hoy (2023)	2033	2043	2053	2063
Litro de leche	1,90 $	2,50 $	3,40 $	4,60 $	6,20 $
Barra de pan	4 $	5,40 $	7,20 $	9,70 $	13,00 $
Libro de tapa blanda	30 $	40,30 $	54,20 $	72,80 $	97,90 $
Servicio de *streaming* (mensual)	15 $	20,20 $	27,10 $	36,40 $	48,90 $
Alquiler semanal	495 $	665,20 $	894 $	1.202 $	1.615 $

Las cifras empiezan a asustar a medida que haces cálculos y piensas en cómo la inflación afectará en un futuro a los precios. Por eso ahorrar dinero en el banco puede hacerte perder poder adquisitivo, porque con ese dinero podrás comprar cada vez menos.

Pero, antes de que te preocupes demasiado, tenemos buenas noticias.

Salario medio con inflación del 3%

	Hoy (2023)	2033	2043	2053	2063
Sueldo semanal	1.250 $	1.680 $	2.258 $	3.034 $	4.078 $

El coste de *todo* aumentará. Pero la cantidad que te pagan también aumentará. Asegúrate de que el dinero que estás ahorrando actualmente también aumente. La buena noticia es que, históricamente, el mercado de valores siempre ha superado a la inflación. Hemos repasado los rendimientos de los mercados bursátiles de los últimos noventa años en Australia y Estados Unidos, asumiendo que reinvertimos los dividendos.

Rentabilidad anual media de 1930 a 2019

	Rentabilidad bruta	Ajustada según la inflación
Estados Unidos (S&P 500)	10,2%	6,6%
Australia (All Ords)	11,5%	6,9%

Si hubieras invertido en el mercado de valores, no sólo habrías compensado la inflación, sino que habrías obtenido unas ganancias de más del 6%.

Juntándolo todo

Esperamos haberte hecho pensar en cuál es tu cifra para poder jubilarte. Si no estás seguro de ella, no te preocupes: desarrollar buenos hábitos e invertir te permitirá llevar la delantera.

Nosotros nos encontramos en una posición similar. Admiramos la seguridad de los defensores del movimiento FIRE, con su cifra claramente establecida y sus proyecciones sobre cuándo la alcanzarán. Pero simplemente no tenemos el mismo nivel de convicción.

Consideramos que un millón de dólares, un millón de libras o un millón de euros es nuestro primer paso. Es un buen punto de partida. En parte porque es una bonita cifra redonda, pero también porque es un objetivo realista (si no nos crees, ¡sigue leyendo!). Si podemos alcanzarla durante los próximos cuarenta años, deberíamos tener suficiente para jubilarnos, seamos quienes seamos y decidamos hacer lo que decidamos.

Sabemos que las cosas van a cambiar. Sabemos que la vida se encarece y es posible que tengamos que echar mano de nuestras inversiones antes de llegar a la edad de jubilación. Por eso queremos arreglárnoslas para alcanzar esta cifra en cuarenta años y entonces hacer todo lo posible para alcanzarla lo más rápido posible. Si podemos alcanzarla en treinta o incluso en veinte años, genial. Estableceremos un nuevo objetivo, confiados en la tranquilidad de que probablemente ya tengamos suficiente para la jubilación.

¿Es esta estrategia de inversión suficiente para alcanzar esta cifra?

Respuesta corta: sí. Bueno, al menos así lo ha sido históricamente. Pero nos estamos adelantando. Esto es lo que explorará lo que queda de *No te estreses, simplemente invierte*: por qué el mercado de valores históricamente ha respondido «sí» a esta pregunta y por qué creemos que seguirá haciéndolo.

Ten en cuenta tu cifra mientras lees el resto del libro. Y considera la pregunta: «¿Me devolverá lo suficiente el mercado de valores?».

Volveremos a ella hacia el final del libro.

El *hot dog* de Costco a 1,50 dólares

Hay una excepción a la ley de la inflación: el *hot dog* de Costco.

En 1985, en Estados Unidos, el gigante minorista introdujo un nuevo producto en su zona de restauración: 1,50 dólares por un *hot dog* y un refresco. Casi cuatro décadas después, el precio sigue siendo de 1,50 dólares.

Para ponerlo en contexto, así es como han cambiado en ese período algunos otros productos famosos de comida rápida:

- En la década de 1980, en Estados Unidos un Big Mac costaba 2,59 dólares. Hoy cuesta 5,99 dólares.
- En Estados Unidos, un Footlong meatball de Subway costaba 3,69. Hoy cuesta 5,50 dólares.

El Big Mac ha subido más del 130 % y el Footlong meatball de Subway ha subido un 50 %.

Utilizando datos de la Oficina de Estadísticas Laborales de Estados Unidos, si el *hot dog* de Costco hubiera subido al ritmo de la inflación, hoy costaría 3,65 dólares. Pero Costco ha hecho todo lo posible para mantener el precio bajo; incluso ha cambiado su proveedor de *hot dogs* para construir su propia planta de salchichas con el fin de mantener el precio bajo.

Y es un producto popular: según explica la propia empresa, vende 150 millones de *hot dogs* al año.

El actual director ejecutivo de Costco, Craig Jelinek, ha contado la historia de cuando le propuso incrementar el precio del *hot dog* al fundador de Costco, Jim Sinegal:

—Jim, no podemos vender este *hot dog* por un dólar y medio. Estamos perdiendo dinero –le dije.
—Si subes el precio del *hot dog*, te mataré. Apáñatelas –me respondió.

Ésa es una manera de resistir la fuerza de la inflación.

¿Por qué el mercado de valores y por qué ahora?

Piensa en la mayoría de las áreas de nuestras vidas y en cuánto han cambiado en las últimas dos décadas. Desde rebobinar cintas de vídeo, grabar CD, cargar películas en cámaras y comprar mapas de carreteras físicos, hasta tener todo esto integrado en nuestros teléfonos inteligentes. La tecnología ha hecho que el mundo sea más barato, más fácil y más rápido.

Pero si bien el mundo ha cambiado mucho en las últimas décadas, nuestra percepción de la inversión, no. En este tiempo se han derribado muchas de las barreras que nos impedían acceder al mercado de valores. Tradicionalmente, se necesitaban centenares, si no miles, de dólares para empezar. En cambio, hoy en día puedes invertir literalmente con un centavo. Tradicionalmente, para comenzar a invertir, era necesario rellenar páginas y páginas de documentación y a menudo se te pedía que enviaras un cheque por correo. Ahora es tan fácil invertir como comprar *online*.

Pasos en 1990	Pasos en 2020
• Ahorrar 1.000 dólares • Contactar con un corredor de bolsa • Rellenar el papeleo para registrarse con ese corredor de bolsa • Enviarle un cheque por correo • Investigar empresas individuales • Llamar al corredor de bolsa y pedirle que compre • Esperar que te responda con la confirmación	• Tomar todo el dinero que quieras (podría ser literalmente un centavo) • Registrarse en un corredor de bolsa *online* • Transferir dinero instantáneamente • Comprar un poco de todo (sí, incluso con sólo un centavo)
Tiempo estimado: 2-4 semanas	Tiempo estimado: 2-4 minutos

Así pues, si crees que no tienes suficiente dinero, suficientes conocimientos o suficiente tiempo para invertir, reconsidéralo.

Qué es el mercado de valores… y qué no es

La bolsa es una distracción gigantesca que hace que los inversores se concentren en expectativas de inversión volátiles.

JOHN BOGLE, *EL PEQUEÑO LIBRO PARA INVERTIR CON SENTIDO COMÚN*

Probablemente tengas una vaga idea de qué es el mercado de valores. Tal vez tengas una idea de qué necesitas saber o de quién debes ser para sacar el máximo provecho del mercado de valores. Probablemente sepas que se puede ganar dinero en el mercado de valores, pero no crees que sea para ti.

Cambiémoslo.

Qué es el mercado de valores

El mercado de valores es el lugar donde la gente se reúne para comprar y vender empresas o partes de empresas.

Supongamos que inicias un negocio (una cafetería, en este ejemplo). Si lo inicias tú mismo, serás dueño de todo el negocio. Y después de veinte años de ser propietario, ha llegado la hora de jubilarte y decides venderlo. *Las empresas se pueden comprar y vender como cualquier otra cosa.*

Ahora supongamos que en lugar de iniciar la cafetería tú solo, la inicias con un amigo. Entonces cada uno de vosotros poseería la mitad del negocio: tú tienes el 50 % y tu amigo tiene el 50 %. *Las empresas se pueden dividir entre varios propietarios.*

Éstas son las dos cosas clave que necesitas saber: las empresas se pueden comprar y vender, y se pueden dividir entre varios propietarios.

Cuando tú eres el propietario de una empresa, tienes acciones o participaciones de ella (estos términos –*acciones* y *participaciones*– se utilizan indistintamente en la inversión y para nuestros propósitos significan lo mismo). Y el mercado de valores es únicamente un lugar en el que comprar y vender esas acciones de una empresa.

En lugar de dividir una cafetería en dos acciones, las empresas que cotizan en bolsa se dividen en millones o miles de millones de acciones. Apple, por ejemplo, está dividida en aproximadamente 16.000 millones de acciones y cada día se compran o venden alrededor de 90 millones de esas acciones en el mercado de valores. El principio es el mismo: tenemos la oportunidad de convertirnos en copropietarios de Apple de la misma manera que podríamos ser copropietarios de una cafetería.

Qué no es el mercado de valores

La forma en que acabamos de describir el mercado de valores ciertamente no es cómo se lo retrata en la cultura popular.

La percepción del mercado de valores que se transmite en las películas y los programas de televisión es la de gente gritando en las mesas de negociación o sentada detrás de pantallas de ordenador, comprando y vendiendo a medida que los precios cambian a cada segundo. Hay símbolos bursátiles (o *tickers*) moviéndose por las pantallas. Porcentajes rojos, porcentajes verdes. Gráficas dentadas que se mueven rápidamente hacia arriba y hacia abajo. No parece que estos individuos estén evaluando los méritos de nuestro negocio de cafetería ni considerando nuestros planes de negocio como propietarios de la cafetería. Y no están discutiendo si quieren emprender con nosotros el reto de levantar un imperio de cafeterías.

Pero olvida la percepción que tienes. Lo que impulsa el crecimiento general en una economía y en el mercado de valores no son esos agentes de bolsas, sino las compañías cuyas acciones cotizan en el mercado de valores. Son las personas que trabajan en esas empresas, esforzándose, creando nuevos productos e incrementando sus ventas.

Cuando Apple se convirtió en la primera empresa en el mercado de valores en alcanzar un valor de un billón de dólares, no fue gracias a los inversores de Wall Street que negociaban sus acciones todos los días; fue gracias a los empleados de Apple que trabajaron duro para crear los ordenadores Mac, más tarde el iPod y finalmente el iPhone.

Cuando piensas en cada acción como una compañía real en la que trabajan personas reales y que vende productos reales, todo este mundo empieza a tener mucho más sentido.

¿Qué pasa con los códigos?

Éste es un tema que resulta bastante confuso. Cada compañía está representada por un acrónimo, conocido como símbolo bursátil. En Estados Unidos suelen ser (aunque no siempre es así) cuatro letras (Apple es AAPL, Microsoft es MFST, pero Visa es V), mientras que en Australia y otros países como España suelen ser de tres letras (Commonwealth Bank es CBA, Woolworths es WOW, Repsol es REP y BHP es, evidentemente, BHP).

Para complicar más las cosas, en Asia vemos empresas representadas por números en lugar de letras: en Hong Kong, Alibaba es 9988, Tencent es 0700 y Baidu es 9888, mientras que en Japón, Toyota es 7203, Sony es 6758 y Nintendo es 7974.

El motivo de estos números y letras es (irónicamente) evitar confusiones. Si bien las empresas pueden tener el mismo nombre, cada símbolo bursátil es único. Sólo puede haber un CBA, un WOW y un BHP en Australia. Y en Japón sólo puede haber un 7203, un 6758 y un 7974. Garantiza que cuando vamos a comprar acciones de una empresa en el mercado de valores, estemos comprando la correcta. Así es cómo puedes asegurarte de comprar Apple en lugar de Apple Hospitality, por ejemplo: Apple es AAPL mientras que Apple Hospitality es APLE. O puedes asegurarte de que estás comprando Block (SQ) en lugar de H&R Block (HRB).

La segunda razón es para simplificar. Los nombres de las empresas pueden ser largos. Si te encuentras en Estados Unidos, en lugar de buscar «Expeditors International of Washington», puedes escribir «EXPD». Si te encuentras en el Reino Unido, en lugar de buscar «International Consolidated Airlines Group», puedes escribir «IAG». Y si estás en Alemania, en lugar de buscar «Münchener Rückversicherungs-Gesellschaft Aktiengesellschaft in München», puedes escribir «MUV2».

La idea es análoga a la de acortar los nombres de los países y de los equipos en el deporte. Cuando juegan los New York Giants, su nombre se abrevia como NYG. Cuando Canadá compite en los Juegos Olímpicos, se abrevia como CAN. O la próxima vez que tomes un vuelo, observa que todos los aeropuertos tienen un acrónimo de tres letras. Esto evita que el aeropuerto de Barcelona en España (BCN) se confunda con el aeropuerto de Barcelona en Venezuela (BLA) o el de Newcastle en el Reino Unido (NCL) con el de Newcastle en Australia (NTL). Piensa en los símbolos bursátiles del mercado de valores de la misma manera: reducen la confusión y aumentan la simplicidad, y esto es bueno.

Pero hay una parte que nos frustra. A menudo, la inversión puede centrarse más en el símbolo bursátil que en la propia empresa. Si estás comprando AAPL en lugar de Apple, es posible que estés pensando más en cómo se ha movido el precio de las acciones la semana pasada que en los productos que fabrica la empresa. Así pues, durante el resto de este libro utilizaremos nombres de empresas en lugar de códigos bursátiles. Pero cuando se trata del mercado de valores, siempre que veas Apple o AAPL, ten presente que son lo mismo.

¿Por qué los precios se están moviendo constantemente?

Hay millones de personas que comercian con participaciones de empresas todos los días. Los precios de estas acciones están fijados por el precio por el que la gente está dispuesta a venderlas y por el que otras personas están dispuestas a pagar por ellas. Los precios de las acciones que vemos en las noticias son literalmente los precios más recientes a los que se negociaron las acciones.

Si las acciones del gigante de la ropa deportiva Nike comienzan el día en 100 dólares y terminan en 105 dólares, eso significa que cuando el mercado de valores abrió a las 9.30 horas, las primeras acciones se vendieron por 100 dólares. Cuando el mercado de valores se acercaba al cierre a las 4 de la tarde, las últimas acciones se vendieron por 105 dólares. Eso es todo lo que es el precio de una acción: el registro del precio de venta más reciente. Y como las acciones se compran y se venden constantemente, su precio cambia constantemente. Nike está dividida en más de 1.500 millones de acciones y, en un día normal, se compran y venden casi 9 millones de esas acciones. Esto implica muchas compras y ventas, y, como consecuencia de ello, muchos cambios de precios.

También hay una respuesta más cínica. Los mercados de valores como la Bolsa de Valores de Australia o la Bolsa de Valores de Londres son negocios. Ganan dinero cada vez que compramos y vendemos acciones. Actualizar constantemente los precios de las acciones es una buena manera de mantener a la gente comprometida y de fomentar la actividad. Estos intercambios hacen un gran trabajo al causar una sensación de ritmo y eso, a su vez, provoca esta idea de que debemos seguir el ritmo, de que debemos hacer algo. A nosotros no. Como dijo una vez una de nuestras inversoras expertas favoritas, Emma Fisher, «los mercados se mueven rápidamente, pero las empresas cambian lentamente».

¿Cómo ganas dinero?

A pesar de todo el ruido y de todas las opiniones en el mundo del dinero y las finanzas, existen dos formas de ganar dinero:

1. Compra algo hoy y véndelo más caro mañana.
2. Compra algo que te pague mientras lo tienes.

Oirás mucha jerga financiera al respecto. Comprar algo que te pague mientras lo tienes recibirá muchos nombres diferentes: *dividendos* en el mercado de valores, *rendimiento* en el mercado de bonos, *intereses* en un depósito a plazo y de nuevo *rendimiento* si hablamos de inversión inmobiliaria. En esencia, son sinónimos. Te pagan como propietario de ese activo.

Con algunas inversiones, sólo ganarás dinero de una de estas dos maneras. Por ejemplo, si compras arte como inversión, lo estás comprando con la expectativa de que en el futuro alguien pague más por esa obra de arte, pero no ganas dinero mientras la tienes. En cambio, si pones tu dinero en un depósito a plazo, te pagarán intereses mientras lo tengas invertido, pero no esperas venderlo por más en el futuro.

Las inversiones más interesantes ofrecen la oportunidad de ganar dinero de ambas maneras. Leerás información sobre multitud de estrategias de inversión diferentes (inversión en valor, inversión de crecimiento, *trading* intradía o *day trading*, *swing trading*, inversión pasiva), pero en esencia has de tener en cuenta que en última instancia todas estas estrategias intentan hacer dos cosas:

1. Comprar algo hoy y venderlo más caro mañana.
2. Comprar algo que te pague mientras lo tienes.

En *No te estreses, simplemente invierte* nos centraremos en cómo ganar dinero como inversor pasivo. También es nuestra forma favorita de invertir y está respaldada por décadas de investigación académica.

Veamos estas dos formas de ganar dinero y apliquémoslas al mercado de acciones.

¿Por qué cambian los precios de las acciones?

Para pensar por qué las acciones cotizan a precios diferentes, recuerda el ejemplo de nuestra cafetería. Cuando se acerca la jubilación y te preparas para vender; ¿cómo decides a qué precio venderás tu cafetería?

Si es boyante y genera ganancias de 100.000 dólares al año, pensarás que podrías conseguir una cifra decente de dinero por ella. Si lo vendes por 100.000 dólares, el comprador recuperará su dinero en un año. Parece demasiado barato. ¿Tal vez por 300.000 dólares? Significa que el comprador necesita trabajar tres años para recuperar su dinero. Pero la cafetería tiene bastante éxito. ¿Y si crece? Esos 300.000 dólares siguen pareciendo demasiado poco. Supongamos que finalmente establecemos diez veces la ganancia anual: un millón de dólares. Estarías muy contento con este precio.

Ampliemos el ejemplo. Supongamos que nuestro nuevo propietario aumenta los beneficios de la cafetería y convierte el beneficio anual de 100.000 dólares en un beneficio anual de 150.000 dólares. Cuando vaya a vender la cafetería, también podría insistir en conseguir un beneficio anual diez veces mayor, lo que significa que podría venderla por 1,5 millones de dólares en lugar de por un millón de dólares.

Eso es lo que mueve los precios de las acciones. En el corto plazo, los precios de las acciones varían porque la gente compra y vende cada día. Pero, a largo plazo, a medida que las empresas que cotizan en el mercado de acciones ganan rentabilidad, el precio de las acciones sube. Entonces nosotros, como inversores, podremos vender esas acciones más caras. Somos como el dueño de la cafetería que la compró por un millón de dólares y la ha vendido por 1,5 millones de dólares, excepto que no hemos tenido que hacer ningún esfuerzo.

Te pagan por tener acciones

La segunda forma en que ganamos dinero como inversores en el mercado de acciones es con los beneficios del negocio. Volvamos otra vez a nuestro ejemplo de cafetería. Cada año generamos 100.000 dólares de beneficios. Tal vez decidamos reemplazar la máquina de café (pongamos que cuesta 5.000 dólares) y algunas de las mesas y sillas más viejas (otros 20.000 dólares). Entonces nos quedan 75.000 dólares que van a nuestro bolsillo. Ese dinero sobrante que va al bolsillo del empresario se conoce como *dividendo*. Las empresas que cotizan en bolsa hacen exactamente lo mismo. Toman sus beneficios y deciden qué quieren hacer con ellos (ponerlos en el banco, pagar deudas, invertirlos en expandir el negocio) y luego reparten lo que queda entre los accionistas.

Pongamos el ejemplo de Apple. En el año fiscal 2022,[1] las cifras de ventas alcanzaron los 400.000 millones de dólares (¡son muchos iPhones!) y gastó alrededor de 280.000 millones de dólares en hacer funcionar su negocio (fabricación de los productos, mantenimiento de las tiendas Apple, sueldos a sus 160.000 empleados, etc.). Eso deja a la empresa con 120.000 millones de dólares en efectivo sobrantes. Esto es lo que Apple hizo con este dinero:

- 10.000 millones de dólares para comprar nuevas propiedades y equipos
- 10.000 millones de dólares invertidos en acciones y bonos
- 10.000 millones de dólares para pagar deuda
- 90.000 millones de dólares para recomprar sus propias acciones

Y eso dejaba 15.000 millones de dólares para pagar dividendos a los accionistas (esas cifras no suman 120.000 millones de dólares porque Apple ya tenía dinero en el banco).

Esos 15.000 millones de dólares en dividendos pagados entre los 16.000 millones de acciones de Apple significaron que por cada acción de Apple que tuvieras en 2022, te pagaron 0,92 dólares.

---

1. Si bien el año fiscal cubre siempre doce meses, es diferente en cada país. Así, mientras que en la inmensa países de la Unión Europea, entre ellos España, Alemania o Suecia, coincide con el año calendario (enero-diciembre), en Australia, el año fiscal empieza en julio y termina en junio del año siguiente; en el Reino Unido y la India, va de abril y a marzo, y en Estados Unidos, se extiende de octubre a septiembre. Para acabarlo de complicar, hay países como Japón o Canadá en los que hay dos años fiscales diferentes: para el gobierno va de abril a marzo, mientras que para el ciudadano va de enero a diciembre. *(N. del T.)*.

La mayor rivalidad en el deporte

Joe Frazier contra Muhammad Ali en el boxeo. La India contra Pakistán en *cricket*. Messi contra Cristiano Ronaldo en el fútbol. Hamilton contra Verstappen en la Fórmula 1. Los aficionados al deporte aman la rivalidad deportiva. Pero quizás la mayor rivalidad deportiva no estaba en la cancha, el campo o la pista, sino que fue entre dos de las marcas deportivas más grandes del mundo y los dos hermanos que las fundaron: Puma contra Adidas. Conozcamos a los hermanos Dassler.

Rudolf Dassler nació en Alemania en 1898. Adolf, dos años después, en 1900. En 1919 fundaron juntos una empresa de fabricación de calzado, Gebrüder Dassler Schuhfabrik, abreviada como Geda. Y los hermanos lograron un gran éxito, que culminó con el estadounidense Jesse Owens calzando zapatillas Geda cuando ganó una medalla de oro en los Juegos Olímpicos de 1936.

Durante la Segunda Guerra Mundial, Geda se convirtió en una fábrica de armas para el esfuerzo bélico alemán y Rudolf fue reclutado. Una vez terminada la guerra, Geda reanudó sus operaciones, pero sólo un par de años después, en 1948, los hermanos cerraron abruptamente Geda y se separaron.

Rudolf fundó Puma.

Adolf fundó Adidas.

Y nació la mayor rivalidad en el mundo del deporte.

Ambos hermanos se quedaron en su ciudad natal, Herzogenaurach, y su rivalidad dividió la ciudad. Literalmente hablando. El río Aurach divide Herzogenaurach; la fábrica de Puma se encontraba en el lado sur, mientras que la fábrica de Adidas se encontraba en el lado norte.

Prácticamente todos en la ciudad trabajaban o tenían familiares que trabajaban para una de las dos empresas. Y evitaban hablar con empleados de la empresa rival. Frecuentaban diferentes bares, diferentes tiendas, diferentes panaderías y diferentes barberos. Los dos equipos de fútbol de la ciudad se dividieron: Puma patrocinó al FC Herzogenaurach y Adidas patrocinó al ASV Herzogenaurach.

Se podía saber de qué lado de la disputa estaba cada ciudadano comprobando el calzado que llevaba. Por eso Herzogenaurach recibió el sobrenombre de «la ciudad de los cuellos doblados».

Ambos hermanos murieron en la década de 1970: Rudolf en 1974 y Adolf en 1978. Oportunamente, están enterrados en extremos opuestos del cementerio de su ciudad natal.

Conoce al mayor creador de riqueza de la historia

Durante los últimos siglos, el mercado de valores ha sido el mayor creador de riqueza. Un estudio publicado por Hendrik Bessembinder, profesor de economía de la Escuela de Negocios W. P. Carey de la Universidad Estatal de Arizona, demostró que entre 1990 y 2020 se crearon 76 billones de dólares en riqueza global en el mercado de valores.

Podemos empezar mirando la lista de Forbes de las personas más ricas del mundo. Muchas de ellas han iniciado negocios, muchas de ellas tienen propiedades, obras de arte y todo tipo de activos, provienen de diferentes partes del mundo, pero todas tienen una cosa en común: la mayor parte de su riqueza proviene de tener acciones. Acciones en las que todos también podríamos invertir.

Si bien los millonarios y los multimillonarios se reparten una parte desproporcionada de la riqueza, la gente común también ha disfrutado de los efectos creadores de riqueza del mercado de valores. En 2022, Gallup encontró que el 58 % de los estadounidenses había invertido en el mercado de valores.

Persona	Riqueza (en $)	De dónde proviene
Bernard Arnault	212.000 millones	Posee acciones de Moet Henness y Louis Vuitton (vulgarmente conocidas como LVMH)
Elon Musk	194.000 millones	Posee acciones de PayPal, Tesla y SpaceX
Jeff Bezos	119.000 millones	Posee acciones de Amazon
Larry Ellison	113.000 millones	Posee acciones de Oracle
Bill Gates	106.000 millones	Posee acciones de Microsoft
Warren Buffett	105.000 millones	Posee acciones de Berkshire Hathaway
Carlos Slim Helu	90.000 millones	Posee acciones de Grupo Carso
Mukesh Ambani	83.000 millones	Posee acciones de Reliance Industries
Steve Ballmer	82.000 millones	Posee acciones de Microsoft
Françoise Bettencourt Meyers	82.000 millones	Posee acciones de L'Oreal

De hecho, la mayoría de nosotros nos hemos beneficiado del poder generador de riqueza del mercado de valores sin siquiera darnos cuenta de ello. En todo el mundo, los planes de pensiones se invierten en el mercado de valores.

El millonario de la puerta de al lado

Probablemente, un libro publicado a finales de la década de 1990, *El millonario de la puerta de al lado* (Ediciones Obelisco, Barcelona, 2015), es el que mejor ha demostrado cómo una persona normal puede generar riqueza a través del mercado de valores. Describe una serie de personas comunes y corrientes que consiguieron acumular una riqueza muy superior a la media mientras trabajaban en empleos con salarios normales. Son esas historias que a veces escucharás sobre el conductor de autobuses, el bombero o el maestro de escuela que se jubiló con millones de dólares. La receta es bastante sencilla: gastar menos de lo que ganas y estar dispuesto a asumir riesgos financieros (es decir, invertir en lugar de ahorrar) con lo que queda.

Hay aquí un elemento de sesgo del superviviente (no oímos hablar del conductor de autobuses, del bombero o del maestro de escuela que no se hicieron millonarios). Sin embargo, la principal conclusión de historias como ésta es que es posible generar una riqueza superior a la media con un salario medio.

También hay otra cara de esta historia: las historias de personas con ingresos superiores a la media que se arruinan. Esto lo vemos muy claramente en el deporte. Una estimación de *Sports Illustrated* sugiere que el 80 % de los jugadores fútbol americano que han jugado en la NFL están arruinados a los tres años de dejar de jugar en la liga. Y una estimación de la CNBC sugiere que el 60 % de los jugadores de la NBA están arruinados a los cinco años de retirarse. ¿Cómo puede ser cuando el salario inicial mínimo en la NFL es de 660.000 dólares y en la NBA es de 925.000 dólares?

Vemos una historia similar con los ganadores de la lotería. En Estados Unidos, según el Fondo Nacional para la Educación Financiera, el 70 % de los ganadores de la lotería termina en la bancarrota.

¿Por qué muchas personas con ingresos medios pueden generar riqueza mientras que muchas otras con ingresos superiores a la media lo pierden todo?

Cuando se trata de riqueza, la diferencia entre generar riqueza y perderla no es cuánto ganas, sino lo que haces con el dinero una vez que lo has ganado. Los creadores de riqueza comienzan siendo buenos ahorradores y luego ponen su dinero a trabajar.

- Como mínimo, los generadores de riqueza gastan menos de lo que ganan. *El millonario de la puerta de al lado* explica que el automóvil más frecuente propiedad de personas con ingresos medios que se convirtieron en millonarios era un Ford.
- Luego invierten ese dinero. Los autores de *El millonario de la puerta de al lado* explican que la mayoría de las personas a las que entrevistaron invirtieron alrededor del 15 % de sus ingresos después de pagar sus impuestos.

Los creadores de riqueza no son inversores superestrella. No siguen estrategias de inversión secretas, no pasan sus días analizando acciones y no pagan centenares o miles de dólares por ser miembros de sitios web exclusivos.

Cuando pensamos en generar riqueza, a menudo pensamos en invertir de manera exitosa. Lo que sí vemos en quienes han acumulado riqueza es una buena tasa de ahorro y mucho tiempo.

Conoce a Ronald James Read

El mejor ejemplo de este fenómeno del «millonario de la puerta de al lado» es un favorito de la comunidad financiera: Ronald James Read. Ronald nació en 1921 en Vermont (Estados Unidos). Después de servir en la Segunda Guerra Mundial, regresó a Vermont, donde trabajó en una gasolinera durante veinticinco años y luego como conserje a media jornada en J. C. Penney (una cadena de grandes almacenes) durante diecisiete años hasta que se jubiló.

Read se casó, ayudó a criar a dos hijastros y era muy conocido en su comunidad local. Llevó una vida tranquila y sin pretensiones. No es algo que esperarías que estuviera incluido en un libro de finanzas escrito en el otro lado del mundo una década después de su muerte. Pero cuando Read murió en 2014, sorprendió a todos los que lo conocieron y dejó una fortuna de ocho millones de dólares.

Esto provocó algunos titulares clásicos:

- *NBC News*: «Exconserje de Vermont lega millones secretos a biblioteca y hospital».
- *The Atlanta Journal-Constitution*: «¿Quién era Ronald Read, el conserje que amasó una fortuna de ocho millones de dólares… y lo regaló todo?».
- Y del *Daily Mail*, que nunca baja el tono de sus titulares: «Revelado: Las astutas inversiones que ayudaron al exconserje, de 92 años, que utilizaba imperdibles para sujetar su ropa, a construir una cartera de acciones secreta valorada en ocho millones de dólares cuando murió».

Read no tenía ninguna estrategia secreta. Nada de premios de lotería, grandes herencias o paquetes de acciones desconocidas. Simplemente vivía de manera austera e invertía el sobrante en una serie de empresas grandes y conocidas: Procter & Gamble, J. P. Morgan Chase y General Electric, entre otras. Compró estas acciones y las dejó trabajar. Todo para ganar, como copropietario, más dinero.

No seas menos que el vecino

Quizás conozcas la «maldición de la lotería», según la cual los ganadores a menudo terminan en la bancarrota o incluso peor: divorciados, enganchados a las drogas o incluso muertos. Pero resulta que esa maldición a menudo se extiende a sus vecinos.

Un artículo publicado por el Banco de la Reserva Federal de Filadelfia analizó los ganadores de la lotería canadiense y las declaraciones de insolvencia entre 2004 y 2014. ¿Sus hallazgos? Cuanto mayor sea el premio de la lotería, más casos de bancarrota tiende a haber en la misma zona. Es realmente un «efecto empatando con los García».[1] El estudio demostró que los vecinos de los ganadores de la lotería no tendían a gastar en «bienes no visibles», como muebles dentro de sus casas, sino que gastaban en «bienes visibles», muestras evidentes de riqueza, como automóviles y barcos nuevos. La Reserva Federal también halló que la cantidad de dinero prestado a los bancos y a las tarjetas de crédito aumentaba en todo el vecindario en relación con la cantidad ganada (es decir, cuanto mayor fuera el premio de la lotería, más pedían prestado los vecinos del ganador de la lotería). Por cada 1.000 dólares más en ganancias en la lotería, había un 2,4 % más de probabilidad de que un vecino se declarara en bancarrota. Por lo tanto, es más probable que te arruines si tu vecino gana un millón de dólares que si gana mil dólares.

Es un recordatorio importante de lo irracionales que pueden llegar a ser nuestros cerebros y de estar alerta si gana la lotería alguien que conoces.

---

1. En algunos trabajos se sigue manteniendo la expresión inglesa *keeping up with the Joneses*, popularizada en una tira cómica creada por Arthur R. Momand en 1913 y publicada en *The New York World*, en la que los protagonistas pretendían seguir el ritmo de la familia Jones, unos supuestos vecinos. En algunos ámbitos la expresión se ha castellanizado con el apellido García, el más frecuente en España. *(N. del T.)*.

Cien millones de personas trabajando para ti

Como acabamos de ver, históricamente el mercado de valores ha sido un gran creador de riqueza. Personas como Ronald Read o Jeff Bezos se han beneficiado de él. Pero el hecho de que a lo largo del tiempo haya creado riqueza no significa que seguirá creándola, ¿verdad? Nada en la vida es seguro, pero a continuación te explicamos por qué confiamos en que será así.

Millones de personas motivadas para hacerte ganar dinero

Es extraño pensar en tener gente en todo el mundo trabajando intensamente para hacerte ganar más dinero, pero haznos caso. El punto de partida es que, cuando compramos acciones de una empresa, nos convertimos en propietarios de esa empresa. Y luego la forma en que se crean las empresas es para hacer ganar más dinero a sus propietarios.

- Comenzando por el director ejecutivo, el sueldo y una probable bonificación se basan en el precio de las acciones (es decir, cuánto dinero nos hace ganar) o en el crecimiento del negocio (del cual somos propietarios).
- Luego, el director ejecutivo establece los objetivos para los miembros de su equipo con bonificaciones y promociones para los empleados en función de cuánto ayudan los empleados al director ejecutivo a alcanzar los objetivos de la empresa.
- La junta directiva, el grupo que supervisa la empresa y que, en última instancia, puede contratar y despedir al director general, es elegida por los propietarios, alias los accionistas, también conocidos como nosotros.

Toda la empresa está organizada para hacernos ganar más dinero. Lo más probable es que, si eres empleado de una gran empresa pública, recibas incentivos similares. Es posible que tengas objetivos de ventas o puntos clave de un proyecto que te permitirán conseguir una bonificación o un ascenso. Están diseñados para ayudar a la empresa a crecer y a incrementar el precio de las acciones, porque así es como tu director ejecutivo conseguirá su salario completo.

Un estudio de *Harvard Business Review* de 2021 analizó a los cinco ejecutivos mejor pagados de empresas estadounidenses que cotizan en bolsa y encontró que el 82 % de su remuneración es variable y el resto es su salario base. Por ejemplo, si un director ejecutivo pudiera ganar hasta un millón de dólares, eso significaría que 180.000 dólares los tiene garantizados y luego los 820.000 dólares restantes se basan en que alcance los objetivos que le marca su empresa. Son 820.000 razones para trabajar duro para hacernos ganar más dinero.

La consultoría de remuneración de ejecutivos FW Cook publicó en 2019 un informe de planes de incentivos anuales que analizaba la remuneración de los directores ejecutivos de las 3.000 principales empresas estadounidenses que cotizan en el mercado de valores. Al estudiar las 250 empresas más grandes, descubrieron que los objetivos más comunes de las empresas para este pago variable eran las ganancias de la empresa (utilizadas por el 91 % de las empresas) y los ingresos o las ventas de la empresa (utilizados por el 49 % de las empresas).

Juntemos estos descubrimientos: los directores ejecutivos quieren que se les pague tanto como sea posible; para que les paguen tanto como sea posible, tienen que aumentar las ventas y las ganancias, y las mayores ventas y ganancias hacen subir el precio de las acciones. Básicamente, los directores ejecutivos mejor pagados del mundo sólo cobran si nos hacen ganar más dinero como accionistas que somos.

Aún no hemos terminado, hay más. La mayor parte de la remuneración de los directores ejecutivos no es en efectivo, sino en acciones de la empresa. Ese análisis de *Harvard Business Review* de 2021 también concluyó que, de media, el 41 % del salario de los directores ejecutivos es en efectivo y el 59 % en acciones de la empresa. Eso significa que los directores ejecutivos, al igual que nosotros, se convierten en accionistas, lo que les da aún más incentivos para hacer subir el precio de las acciones.

Los directores ejecutivos tienen un incentivo para aumentar el precio de las acciones. Y luego, todos los empleados que trabajan para ellos ganan más dinero, son promocionados y consiguen bonificaciones cuando ayudan al director ejecutivo a conseguir ese objetivo. Apple tiene 160.000 empleados. Microsoft tiene más de 200.000. Walmart da trabajo a más de 2 millones de personas. Cuando te conviertes en accionista, te beneficias de todo su arduo trabajo. Por este motivo el mercado de valores tiene una tendencia a favor de la rentabilidad, y es por ello por lo que confiamos en que seguirá subiendo. Es el esfuerzo colectivo de millones de personas que quieren hacerlo realidad.

¿Por qué ahora?

Cuanto más esperes, más tendrás que hacer. Si queremos ver un crecimiento exponencial de nuestra riqueza, debemos tener paciencia. Éste es realmente el secreto. Por eso Ronald Read pudo acumular sus millones y así es como tú podrás acumular los tuyos.

Warren Buffett tiene 92 años y 105.000 millones de dólares. Pero no fue multimillonario hasta los 50 años, lo que significa que el 99 % de su riqueza no llegó hasta que tuvo esa edad. Alcanzó los 59.000 millones de dólares cuando tenía 83 años, es decir, casi la mitad de su riqueza no ha llegado hasta los últimos diez años. Y ésta es la enseñanza más importante: Buffett empezó a invertir a los 11 años. A los 92 años, llevaba 81 años capitalizando y dejando crecer su dinero. Claro, tomó algunas decisiones de inversión excelentes, pero de ninguna manera ha sido el mejor inversor medido por año. Jim Simons se lleva ese honor. Ha obtenido un rendimiento del 66 % anual desde 1988. Pero Buffett ha obtenido un rendimiento del 20 % anual desde 1965. Simons tiene una fortuna de 28.000 millones de dólares. Hemos dicho que la fortuna de Buffett es de 105.000 millones de dólares. Más tiempo supera a mejores rendimientos.

El poder de empezar pronto

El dinero genera dinero. O, como dijo Benjamin Franklin, «el dinero genera dinero. Y el dinero que genera el dinero, genera dinero».

En pocas palabras, esto es capitalización y por esto por lo que el tiempo supera a los mejores rendimientos. La capitalización es tan poderosa porque el dinero que ganas en el primer año obtiene un rendimiento en el segundo año. Y luego, en el tercer año, obtendrás un retorno de tu inversión inicial más lo que ganaste en el primer año y lo que ganaste en el segundo. Warren Buffett, 81 años después de su carrera inversora, está aprovechando la fuerza de 80 años de retornos de inversiones anteriores. Su dinero está generando dinero.

El poder de empezar temprano se demuestra mejor mostrando lo difícil que es ponerse a la par si empiezas tarde.

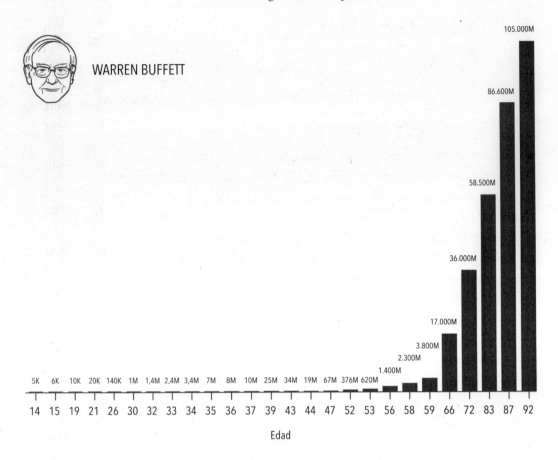

WARREN BUFFETT

Supongamos que, cuando tenías 20 años empezaste a ahorrar e invertías 100 dólares al mes. Pero más tarde, por el motivo que sea, dejaste de hacerlo (oye, la vida se vuelve cara). Entre los 20 y los 29 años, conseguiste invertir 12.000 dólares y a partir de entonces no inviertes ni un solo centavo. Esos 12.000 dólares originales se quedan capitalizando al 8 % anual. Sin invertir ni un centavo más, cuando tengas 60 años, tendrás más de 200.000 dólares, y cuando tengas 80 años, tendrás más de 980.000 dólares. Todo a partir de esos 12.000 dólares iniciales que tenías cuando eras joven.

Ahora supongamos que tu amigo se espera y no comienza a invertir hasta que cumple 30 años. Si invirtiera esos 100 dólares al mes *durante el resto de su vida laboral*, invertiría 60.000 dólares. Pero, cuando revisara su cartera de valores a los 80 años, tendría 800.000 dólares. Habría invertido cinco veces más dinero, pero terminará con una cartera un 15 % más pequeña.

Edad	Tu inversión	Cartera de valores	Las inversiones de tu amigo	Cartera de valores
20	1.200$	1.245$		
21	1.200$	2.593$		
22	1.200$	4.054$		
23	1.200$	5.635$		
24	1.200$	7.348$		
25	1.200$	9.203$		
26	1.200$	11.211$		
27	1.200$	13.381$		
28	1.200$	15.743$		
29	1.200$	18.295$		
30		19.813$	1.200$	1.245$
31		21.458$	1.200$	2.593$
32		23.239$	1.200$	4.054$
33		25.168$	1.200$	5.635$
34		27.257$	1.200$	7.348$
35		29.519$	1.200$	9.203$
36		31.969$	1.200$	11.211$
37		34.623$	1.200$	13.381$
38		37.496$	1.200$	15.743$
39		40.608$	1.200$	18.295$
40		43.979$	1.200$	21.058$
41		47.629$	1.200$	24.051$
42		51.582$	1.200$	27.292$
43		55.863$	1.200$	30.802$
44		60.500$	1.200$	34.604$
45		65.522$	1.200$	38.721$
46		70.960$	1.200$	43.180$
47		76.850$	1.200$	48.009$
48		83.228$	1.200$	53.238$

Edad	Tu inversión	Cartera de valores	Las inversiones de tu amigo	Cartera de valores
49		90.136 $	1.200 $	58.902 $
50		97.617 $	1.200 $	65.036 $
51		105.719 $	1.200 $	71.679 $
52		114.494 $	1.200 $	78.873 $
53		123.997 $	1.200 $	86.665 $
54		134.289 $	1.200 $	95.103 $
55		145.434 $	1.200 $	104.241 $
56		157.505 $	1.200 $	114.138 $
57		170.578 $	1.200 $	124.856 $
58		184.736 $	1.200 $	136.464 $
59		200.069 $	1.200 $	149.036 $
60		216.675 $	1.200 $	162.651 $
61		234.659 $	1.200 $	177.396 $
62		254.135 $	1.200 $	193.365 $
63		275.228 $	1.200 $	210.659 $
64		298.072 $	1.200 $	229.388 $
65		322.812 $	1.200 $	249.672 $
66		349.605 $	1.200 $	271.640 $
67		378.622 $	1.200 $	295.431 $
68		410.048 $	1.200 $	321.197 $
69		444.082 $	1.200 $	349.101 $
70		480.940 $	1.200 $	379.321 $
71		520.858 $	1.200 $	412.049 $
72		564.089 $	1.200 $	447.494 $
73		610.908 $	1.200 $	485.881 $
74		661.613 $	1.200 $	527.454 $
75		716.527 $	1.200 $	572.477 $
76		775.998 $	1.200 $	621.238 $
77		840.405 $	1.200 $	674.045 $
78		910.159 $	1.200 $	731.236 $
79		985.701 $	1.200 $	793.173 $

Siendo realistas, si comienzas a invertir cuando tienes 20 años, no dejarás de hacerlo a los 30 ni decidirás no volver a invertir nunca más. Podrías estar un tiempo fuera del mercado laboral para cuidar a tu familia o dejar de invertir temporalmente porque estás ahorrando para comprar una casa o para casarte, pero podrás volver a hacerlo en un futuro después de haber construido una base financiera sólida cuando eras joven.

Si cambiamos nuestro ejemplo y no dejamos de invertir a los 30 años, podemos representar en una gráfica la diferencia entre la jubilación de alguien que empezó a los 20 y de alguien que empezó a los 30 años.

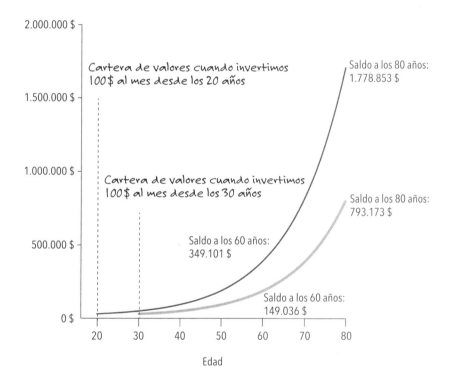

¿He perdido el tren?

Es posible que, literalmente hablando, hayas perdido el tren, pero si has leído el último pasaje y te has desesperado, no temas: nunca es demasiado tarde para empezar. En efecto, aún puedes beneficiarte del poder del mercado de valores.

A medida que te vayas haciendo mayor, es probable que ganes más. Si has tenido hijos, lo más probable es que ya hayan crecido y estés gastando menos. Así dispondrás del dinero para atrapar a tu yo más joven.

¿Cuánto tengo que invertir para llegar
a un millón de dólares a los 70 años?*

Edad de partida	Inversión mensual
20 años (o lo que es lo mismo, 50 años de inversión)	125 $
30 años	290 $
40 años	670 $
50 años	1.700 $
60 años	5.500 $

* Se asume un rendimiento anual del 8 %.

Cuanto más tarde empieces, más necesitarás invertir (o más estrategias arriesgadas deberás seguir). Pero es probable que hayas invertido en el mercado de valores durante años, tal vez sin ni siquiera darte cuenta. Si tienes un plan de pensiones, es probable que esté asociado principalmente a acciones. Generar riqueza fuera de tu plan de pensiones (después de maximizar tu plan de pensiones) puede darte más tiempo hasta que necesites recurrir a él, dándole más tiempo para capitalizarse.

Finalmente, todavía quedan beneficios por conseguir. Si ahorraras 500 dólares al mes durante 10 años, habrías ahorrado 60.000 dólares (500 dólares × 12 meses × 10 años). Si los invirtieras con el rendimiento medio del mercado del 8 %, tendrías 26.000 dólares adicionales. La advertencia aquí es que una caída del mercado de valores es mucho más dañina a medida que uno se acerca a la jubilación (porque el mercado necesita tiempo para recuperarse, tiempo que quizás tú no tengas).

Además de los beneficios financieros, existe un beneficio no financiero clave. Desarrollar buenos hábitos monetarios y aprender a invertir es crucial para ejemplificar el comportamiento correcto para la próxima generación.

El hecho desafortunado en todo el mundo es que, en la mayoría de los países, la educación financiera no se enseña en las escuelas (y donde sí se enseña, puede que se centre más en la fórmula del interés compuesto que en habilidades prácticas para la vida, como comprender tus opciones de inversión o cómo pagar tus impuestos). La buena noticia es que esto está cambiando. En 2022, el estado de Florida se convirtió en el décimo estado de Estados Unidos en aprobar una ley que exige que los estudiantes de secundaria reciban algún tipo de clases de «conceptos básicos de finanzas» en la escuela. Pero a la mayoría de nosotros nunca nos enseñaron, por lo que nunca empezamos.

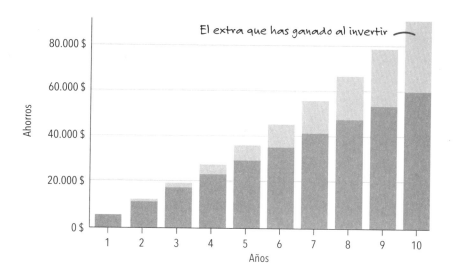

Cómo empezó Bryce a invertir

No hay mejor ejemplo de cómo ejemplificar el comportamiento correcto que la historia del dinero de Bryce.

A los cinco años, a Bryce le enseñaron a repartir su semanada en tres botes: gastar, ahorrar e invertir. Cada semana, obedientemente ponía 50 centavos en cada uno de los tres botes. (Para ello, sus padres utilizaban tres tarros de mermelada viejos).

Podía hacer lo que quisiera con el bote de los gastos. Gran parte de ese dinero acababa en la caja registradora de la cantina de la escuela.

El bote del ahorro no se podía tocar y era para las grandes compras. Eso le enseñó mucho sobre retrasar la recompensa y cuánto tiempo lleva ahorrar para las cosas que uno desea. Pero finalmente Bryce pudo comprarse esa primera batería.

El segmento de inversión supuso la entrada de Bryce en el mercado de valores. En aquellos días (parece que fue hace mucho tiempo, pero fue sólo a finales de la década de 1990) no se podían invertir sólo 50 centavos. Esos 50 centavos Bryce los guardaba diligentemente hasta tener el mínimo necesario para invertir. Y entonces sus padres lo invertían en su nombre. Y cada vez que le pagaban, guardaba el dinero para añadirlo a su cartera de acciones.

Cuando Bryce creció, pasó de ingresar la semanada a trabajar a media jornada. Cuando trabajó en KFC y en Telstra, mientras iba al instituto, camino de la universidad y, más tarde, del mundo laboral, esas primeras lecciones sobre el dinero le quedaron bien grabadas.

Reparte tu dinero en diferentes botes. Ahorra para compras grandes en lugar de endeudarte. Asegúrate de invertir algo cada vez que te paguen. Son lecciones importantes que se deben aprender a cualquier edad, pero muy poderosas cuando se aprenden a tan temprana edad.

¿Y si Jurassic Park no fuera sólo una película?

El excéntrico multimillonario australiano Clive Palmer adora los dinosaurios. En 2012, supuestamente organizó una reunión con el equipo de científicos que clonaron a la oveja Dolly. Quería saber si sería posible clonar dinosaurios y añadirlos a un parque temático de dinosaurios que estaba construyendo en su resort en Coolum (Queensland). Un Jurassic Park de la vida real.

La tecnología de clonación no ha avanzado lo suficiente como para recuperar especies extintas, pero eso no quiere decir que no haya equipos de científicos intentándolo. Investigadores de todo el mundo se han centrado en revivir al mamut lanudo de 10.000 años de antigüedad. Las propuestas han incluido la clonación, la edición de genes, la recombinación con el ADN de elefantes e incluso el desarrollo de un híbrido mamut-elefante en un útero artificial.

La empresa más destacada en este tema es Colossal Biosciences. Fundada en 2021, tiene el objetivo expreso de resucitar al mamut lanudo y al tigre de Tasmania. Planea tener la primera cría híbrida de mamut lanudo para 2027 y quiere reintroducirla en la tundra ártica para restaurar las praderas como una forma de atrapar el dióxido de carbono y luchar contra el cambio climático.

Que nadie se lo diga a Clive. No estamos seguros de que los mamuts lanudos se sientan demasiado cómodos en la playa de Coolum.

Vayamos al plan

Hemos hablado del por qué y ahora entraremos en los detalles de nuestro plan de cuatro pasos. Pero antes hay algo que debes tener en cuenta.

Todo esto suena mucho a un consejo…

Si estás leyendo análisis *online* o escuchando un pódcast financiero, a menudo encontrarás un descargo de responsabilidad que dice algo así como «Esto no es un consejo financiero» o «Sólo son consejos generales». Sin embargo, el artículo ignora sus propias advertencias y te ofrece consejos. Por lo tanto, en lugar de limitarnos a ofrecer un descargo de responsabilidad general, hemos querido explicarte cómo debes leer las páginas siguientes.

En primer lugar, obviamente, es un consejo. Estamos a punto de compartir contigo un plan para gestionar tu dinero con plataformas y productos específicos. Vamos a describir lo bueno de ellos, lo que no es tan bueno y la idoneidad de los diferentes productos financieros para diferentes etapas de la vida o estilos de inversión. Si esto no es un consejo, entonces, no sabemos qué es. Y tenemos licencia en Australia para ofrecer este asesoramiento (licencia australiana de servicios financieros n.º 540697).

De todos modos, lo que no es esto, es un asesoramiento financiero personal. No sabemos quién eres ni cuáles son tus objetivos financieros. No sabemos cuál es tu situación laboral ni si tienes algún gasto importante para el cual estés ahorrando. Tampoco sabemos lo cómodo que te sientes con el riesgo de que el mercado de valores caiga. Por este motivo, se trata de un consejo general y no de un consejo personal específicamente dirigido a ti. Léelo, considéralo y entonces piensa cómo se aplica a tu situación financiera personal.

Si tienes dudas o estás atravesando una situación financiera compleja, contacta con nosotros en www.equitymates.com y podremos ponerte en contacto con un asesor financiero.

COBRA

1. Cobra

2. Automatiza tu inversión

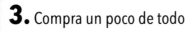

3. Compra un poco de todo

4. Repite con cada pago

Vale la pena aprovechar al máximo las cuentas de jubilación

A los gobiernos de todo el mundo les preocupa que no tengamos suficiente dinero para la jubilación. La generación de trabajadores que hoy se jubila es la primera que ha pasado de un mundo de «beneficios definidos» a un mundo de «contribuciones definidas».

- Los *beneficios definidos* se obtienen cuando el gobierno o tu empresa te pagan una cantidad determinada (por ejemplo, una pensión de la empresa).
- Las *contribuciones definidas* se obtienen cuando tu empleador aportará una cantidad fija a tu cuenta de jubilación mientras estás trabajando.

Los gobiernos hacen todo lo posible para animarnos a ahorrar e invertir más para nuestra jubilación. Y vale la pena aprovecharlo.

Quizás el plan más generoso que hayamos visto sea el Lifetime ISA, del Reino Unido. Los británicos de entre 18 y 39 años pueden contribuir con hasta 4.000 libras esterlinas al año y el gobierno aportará el 25 % de esa cantidad. Así pues, si vives en el Reino Unido, podrías recibir hasta 1.000 libras al año del gobierno, que se añadirían a tus ahorros para la jubilación.

En Estados Unidos, no es el gobierno quien paga, pero a menudo los empleadores ofrecen contribuciones equivalentes. Si tu empleador ofrece una contrapartida del 50 %, por cada dólar que añadas a tu 401(k), él aportará 50 centavos más.

Incluso, aunque no puedas conseguir que el gobierno o tu empleador contribuyan, las ventajas fiscales de las cuentas de jubilación las convierten en un punto de partida importante para generar riqueza. Los fondos de jubilación en Australia, los 401(k) en Estados Unidos, las Lifetime ISA en el Reino Unido, los Registered Retirement Savings Plans en Canadá y el KiwiSaver en Nueva Zelanda son cuentas con ventajas impositivas. Pagarás menos impuestos y podrás invertir más dinero.

Así pues, lo primero: aprovecha al máximo tu cuenta de jubilación.

El problema es que en la mayoría de los países no se puede acceder a esos fondos hasta una determinada edad (al menos sin tener que pagar unos impuestos elevados):

- 60 años en el caso de los fondos de jubilación en Australia.
- 59 años y medio en el caso del 401(k) en Estados Unidos.
- 60 años en el caso de los Lifetime ISA en el Reino Unido.
- 71 años en el caso de los Registered Retirement Savings Plans en Canadá.
- 65 años en el caso del KiwiSaver en Nueva Zelanda.

Si guardamos nuestro dinero bajo llave hasta los 60 años, no estamos desarrollando resiliencia en nuestras vidas y dándole una opción a nuestro yo futuro.

La manera que pensamos con respecto a nuestras cuentas de jubilación es sólo el comienzo de nuestro viaje hacia la creación de riqueza. Para realmente tener opciones, debemos complementar nuestras cuentas de jubilación con nuestro plan de inversión automatizado.

Tienes una opción con cada dólar que tengas

No sabemos quién eres ni dónde estás leyendo *No te estreses, simplemente invierte*, pero sí sabemos una cosa sobre ti: pasas mucho tiempo en tu trabajo (o en la escuela, o en la universidad o en el instituto preparándote para pasar mucho tiempo en tu trabajo). Eso es algo que une a los 8.000 millones de personas que habitan la Tierra: pasamos la mayor parte de nuestro tiempo durmiendo y trabajando.

Y trabajamos para que nos paguen.

Invertir es una forma de hacer que tu dinero trabaje tan duro como tú.

Una vez que te pagan, tienes diferentes opciones. Puedes gastarte el dinero, guardarlo o invertirlo. No hay una decisión correcta o incorrecta, sólo una elección. Pero es una elección que tiene consecuencias.

Supongamos que, al terminar el año, después de haber pagado el alquiler y la comida, tienes 1.200 dólares.

- Si te los gastas, el año que viene tendrás 1.200 dólares en cosas. Pero no tendrás dinero.
- Si lo ahorras, ganas los intereses sobre tus ahorros en el banco. Tal vez sea suficiente para no perder poder adquisitivo con la inflación, pero tal vez no.
- Si lo inviertes, obtendrás un rendimiento de esa inversión. Históricamente, se sitúa en torno al 8 % anual.

Con el tiempo, el resultado de esas elecciones comienza a resultar evidente:

- Si cada año te gastas los 1.200 dólares de ese año, no has creado ninguna riqueza.
- Si lo guardas, tendrás lo que guardes.
- Si lo inviertes, tendrás lo que has ahorrado y lo que has ganado.

No hay mejor sensación que ganar dinero con tu dinero.

Supongamos ahora que guardas tus 1.200 dólares al año y observas cómo te va 10 años después.

- Si los has estado gastando, tienes 12.000 dólares en cosas. Probablemente algunas cosas bastante bonitas. Pero no tienes dinero.
- Si los has estado ahorrando, habrás ahorrado 12.000 dólares. Con un interés del 3 %, tendrás un total de 13.974 dólares.
- Si los has estado invirtiendo, habrás invertido 12.000 dólares, y si el mercado continúa con su promedio a largo plazo del 8 % anual, tendrás 18.295 dólares.

Obviamente hay un condicional ahí. Y es cierto que invertir es más arriesgado. Ya lo trataremos más adelante.

Vamos a parecer un disco rayado, pero, como ya hemos dicho antes, a nuestro cerebro le cuesta entender cómo las pequeñas inversiones se acumulan a lo largo de un largo período de tiempo. Así pues, lo vamos a decir otra vez (y no será la última): a medida que ampliamos el marco temporal, la diferencia entre poner tu dinero en una cuenta de ahorro y poner tu dinero en el mercado de valores resulta aún más evidente.

Ganancias de un 3 % en ahorros frente a un 8 % en inversiones

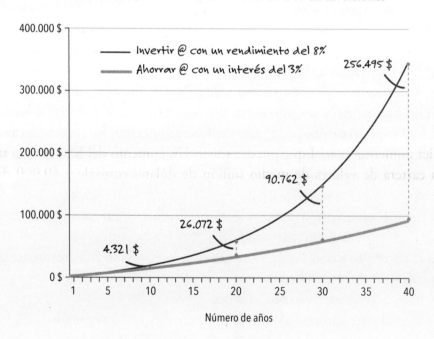

Puede que hoy la elección no parezca muy grande, pero fíjate cómo esta decisión influye a lo largo del tiempo.

Llegados a este punto, cambia tu forma de pensar sobre el dinero. Trabajar y obtener un dinero a cambio no es el final de la historia. Es el comienzo. No es *trabajo y me pagan, trabajo y me pagan*. Empieza a pensar «Trabajo, me pagan e invierto. Y ahora me pagan tanto por mi trabajo como por mis inversiones». Hasta llegar al punto en el que nuestras inversiones funcionen y ya no sea necesario.

Trabajar es la parte difícil; invertir es la parte fácil

Muchos de nosotros crecemos con la idea de que aprender a invertir es demasiado difícil y requiere demasiados conocimientos especializados, por lo que pensamos que la forma más fácil de aumentar la riqueza es siendo realmente buenos en nuestro trabajo, conseguir ascensos, negociar aumentos salariales y aumentar nuestro salario a lo largo de nuestra vida laboral. Pero, si hay algo que podemos cambiar con *No te estreses, simplemente invierte*, esperamos que sea esta idea. Invertir es la parte fácil.

Y queremos decir fácil de dos maneras. En primer lugar, con las nuevas tecnologías y plataformas, es fácil hacerlo (si no nos crees, sigue leyendo; al final lo harás). En segundo lugar, el rendimiento que obtienes invirtiendo es difícil de igualar en tu trabajo.

Históricamente, el rendimiento medio del mercado de valores ha sido del 8 % anual. Imagínate intentar negociar cada año un aumento salarial del 8 % en tu trabajo. Piensa en las largas noches, el trabajo extra, los obstáculos que tendrías que superar. Valoramos tanto los aumentos salariales en nuestros trabajos que los celebramos. Pero puedes poner tu dinero a trabajar y obtener rendimientos similares invirtiendo constantemente en el mercado de valores.

Con el tiempo, el dinero que ganes en el mercado de valores comenzará a superar cualquier aumento salarial que puedas soñar. Un aumento del 8 % en sólo un año en una cartera de valores de medio millón de dólares equivale a 40.000 dólares. ¡Imagínate pedirle a tu jefe 40.000 dólares adicionales a tu salario!

De todos modos, con esto no queremos decirte que no debas trabajar duro y negociar duro para conseguir un aumento de sueldo. Lo único que decimos es que, si haces la parte difícil y obtienes el aumento salarial, debes continuar con la parte fácil y poner tu dinero a trabajar.

Las finanzas personales son sólo eso: personales

Hay muchos expertos en finanzas personales que te dirán cómo debes administrar tu dinero. Y todos tendrán seguidores que confían en su método de asignación de fondos y seguimiento de gastos.

Después de seis años presentando el pódcast Equity Mates, entrevistando a expertos y leyendo sus libros, nos hemos dado cuenta de que gestionar tu dinero y hacer una asignación de fondos es muy parecido a cuidar de tu salud y hacer dieta. Hay muchos gurús, muchos métodos diferentes y muchas historias de éxito, pero en esencia todos pueden ser más parecidos entre sí de lo que les gustaría admitir.

Por qué hacer dieta y gestionar el dinero son parecidos

Hacer dieta y gestionar el dinero no sólo se parecen en que de ambas cosas hay miles de «gurús *online*» que te prometen una solución rápida (no te preocupes, aceptamos la ironía de que dos podcasteros de finanzas que hablan sobre dinero *online* escriban eso). Son similares porque existen muchas soluciones propuestas diferentes.

En el mundo de la salud y el *fitness* hay defensores del ayuno intermitente, la dieta cetogénica o keto, la dieta baja en carbohidratos, la dieta mediterránea, los alimentos crudos… ya sabes. Pero en el centro de la dieta (lo que nos dice un estudio académico tras otro) está el hecho de que perder peso es una cuestión de energía que entra frente a energía que sale.

Lo que todas estas dietas tienen en común es que las personas que las siguen se vuelven disciplinadas, constantes y conscientes de lo que comen. La cuestión no es si estás haciendo un ayuno intermitente 5:2 o un ayuno intermitente 16:8.[1] La cues-

---

1. La dieta 5:2 consiste en comer cinco días sin restricciones y dos días consumiendo únicamente un 25 % de las calorías habituales, mientras que la dieta 16:8 consiste en ayunar 16 horas cada día y comer lo que se quiera durante las otras 8 horas. *(N. del T.).*

tión es que estás pensando en todo lo que te llevas a la boca y sigues comprometido con tu plan. Es algo muy parecido a lo que vemos que sucede con las finanzas personales.

Hemos leído los libros para que tú no tengas que hacerlo

Al igual que pasa con los consejos sobre dietas, hay muchos consejos sobre cómo gestionar el dinero. No hay una respuesta correcta. Por el contrario, existen muchos métodos diferentes que, en última instancia, consiguen el mismo resultado: hacernos ser más conscientes de cómo estamos gastando y de cómo queremos que esto cambie. A continuación, te mostramos un resumen de algunos de los diferentes métodos que encontrarás en libros populares sobre finanzas personales. Muchos de ellos son excelentes consejos, pero lo importante es encontrar aquel que funcione en tu caso.

Asignación detallada de dinero. Fíjate en todas tus áreas clave de gasto (alquiler, comida, servicios públicos, transporte, seguros, entretenimiento) y estipula un total que puedes gastar en cada categoría.

Seguimiento de gastos. Utiliza Excel, una aplicación, notas en tu teléfono inteligente, cualquier cosa; sencillamente, registra todo aquello en lo que gastas dinero.

Asignación base cero. En este caso, debe asignarse todo tu dinero y la próxima vez que te paguen no debe quedar nada en tu cuenta de gastos. Cada dólar debe tener una finalidad y, si no lo vas a gastar, debes transferirlo a una cuenta de ahorro o de inversión.

Asignación basada en objetivos. En este caso, comienzas marcándote un objetivo (ahorrar el 25 % de mis ingresos, invertir 1.000 dólares, lo que sea) y en base a él elaboras un plan de gastos y ahorros que te ayudará a alcanzar ese objetivo. Una vez que lo consigues, estableces un nuevo objetivo (ahorrar el 35 % de mis ingresos, invertir 2.000 dólares, cualquiera que sea el siguiente paso) y elaboras un plan para conseguir ese nuevo objetivo.

Asignación de límite de gastos. Parte de la idea de que si controlas tus gastos, todo lo demás se solucionará solo. No le preocupa saber cuánto necesitas ahorrar o invertir; simplemente te dice que marques un límite estricto a cuánto gastas. Si te pagan 1.000 dólares a la semana, puedes establecer el límite de gasto en 800 dólares semanales. Y si lo cumples, puedes decidir si deseas utilizar los 200 dólares restantes para pagar deudas, ahorrar o invertir.

Asignación de págate a ti primero (también conocido como asignación inversa). La mayoría de las asignaciones comienzan con tus gastos y luego lo que quede se repartirá para pagar deudas, ahorrar e invertir. Esta asignación lo revierte: comienzas con cuánto quieres ahorrar y te pagas esa cantidad primero, y lo que sobra es cuánto tienes para gastar.

Asignación del sobre. No estamos seguros de ésta…, pero con la asignación del sobre, cobras todo tu sueldo y luego, literalmente, repartes el efectivo en diferentes sobres, uno para facturas, otro para alquiler, otro para un fondo de emergencia, otro para objetivos de ahorro, etc.

Asignación por botes. Piensa en ella como la asignación moderna del sobre. En lugar de cobrar tu salario en efectivo, lo divides en diferentes botes (y sí, puedes hacerlo digitalmente). Lo más común es dividirlo en tres: gasto, ahorro e inversión. Pero es posible que encuentres asignaciones que lo dividen en muchos más botes: facturas, alquiler, comestibles, otros gastos, fondo de emergencia, inversiones, ahorros para viajes, ahorros para depósitos de vivienda… tantos como tú consideres. La cantidad de botes sólo está limitada por tu imaginación y por el salario que cobras.

30/50/20. Ésta es una versión un poco más específica que la asignación por botes. Te pide que dividas tus ingresos después de impuestos en tres botes: el 50 % para gastos necesarios como alquiler y comida, el 30 % para gastos discrecionales como suscripciones a programas de *streaming*, salidas y *hobbies*, y finalmente el 20 % para ahorro e inversión.

Regla del 30 %. Esta regla no es una asignación completa, pero es similar a la asignación de límite de gastos y se centra en la idea de que, si te ocupas de tus gastos más grandes, todo lo demás resulta más fácil. Para la mayoría de las personas, su mayor gasto es la vivienda. De modo que la regla del 30 % te dice que tengas unos gastos de vivienda (ya sea el pago de una hipoteca o de un alquiler) de como máximo el 30 % de tus ingresos después de impuestos. La idea es que, si mantienes tus costes de vivienda en ese valor del 30 %, te sobrará lo suficiente para pagar deudas, ahorrar o invertir, y además te podrás comprar lo que quieras.

Éste es un resumen de algunas de las asignaciones más frecuentes con las que nos hemos encontrado. Reflexionando sobre esta lista, éstas son algunas de nuestras conclusiones clave:

- Hay mucha superposición entre todas las asignaciones.
- Un motivo clave para esta superposición es que todos estamos tratando de conseguir lo mismo: gastar menos de lo que ganamos, pagar nuestras deudas,

ahorrar lo suficiente para estar cubiertos en caso de emergencia e invertir lo suficiente para jubilarnos cómodamente (¡y, a ser posible, pronto!).

- La suposición en todas estas asignaciones es que la cuestión es cómo gastas tu dinero y no cuánto ganas. Para mucha gente éste no es el caso; a veces, después del coste del alquiler, la comida y otras necesidades, sencillamente no les queda nada. Para mucha gente, centrarse en los ingresos es más prioritario: encontrar un nuevo trabajo o conseguir un aumento de sueldo. No dejes que esto te impida aprender y desarrollar buenos hábitos financieros.

Controla tu ego, controla tus gastos

Nos encontramos con esta idea en el libro de Morgan Housel *Cómo piensan los ricos* y el concepto nos gustó especialmente.

Más allá de lo absolutamente esencial y básico de cada día, Morgan escribe que gran parte de nuestro gasto es un reflejo de nuestro ego. La ropa que llevamos, los restaurantes que frecuentamos, los automóviles que conducimos, las casas que compramos y los lugares a los que viajamos son formas de proyectar una determinada imagen en el mundo, a menudo para mostrar que tenemos (o hemos tenido) dinero.

Así pues, controlar nuestro dinero no comienza en nuestra cuenta bancaria. Comienza en nuestra cabeza. Como escribe Morgan:

> Cuando defines los ahorros como la diferencia entre tu ego y tus ingresos te das cuenta de por qué mucha gente con unos ingresos decentes ahorra tan poco. Es una lucha diaria contra los instintos de abrir tu plumaje de pavo real hasta sus límites y aguantar así siguiendo el ritmo de los demás, que hacen lo mismo.
>
> Las personas que gozan de un éxito financiero personal duradero, que no son necesariamente las que tienen unos ingresos más elevados, tienden a ser propensas a que les importe un bledo lo que los demás piensen de ellas.

Evita el punto único de fallo: ten un fondo de emergencia

Esto es algo en lo que todos los libros de finanzas están de acuerdo. Quizás sea el paso más importante y el que más se pasa por alto.

Para la mayoría de nosotros, el mayor riesgo para nuestras finanzas no es tomar una mala decisión de inversión o elegir la cuenta de ahorro con intereses altos equivocada. Es nuestra excesiva dependencia de nuestro salario para pagar las cosas del día a día. Provoca un punto único de fallo: si perdemos nuestro trabajo, todo se viene abajo. Es en esto en lo que están de acuerdo todos los expertos: hay que tener un fondo de emergencia. Se trata de dinero guardado en una cuenta de ahorro con intereses altos a la que puedes acceder si lo necesitas. Como regla general, debes empezar teniendo 1.000 dólares en la cuenta. Luego, debes hacerlo crecer hasta cubrir los gastos de manutención de tres meses. Más adelante, debería cubrir hasta seis meses. Esto elimina el punto único de fallo. Si pierdes tu trabajo, tendrás suficiente margen para buscar otro. Si tienes que hacer frente a una emergencia, no te verás obligado a vender tus inversiones ni a endeudarte para afrontarla.

¿Debo liquidar mis deudas o empezar a invertir?

Ésta es una pregunta que nos hacen muy a menudo y, una vez más, tiene muchas respuestas diferentes. Es importante recalcar que la situación financiera de cada persona es diferente, y si tienes una situación financiera compleja o estás muy endeudado, debes buscar ayuda. Hemos visto a los asesores financieros y a los autores abordar estas preguntas de dos maneras diferentes, que hemos denominado enfoque de *rendimiento esperado* y enfoque *psicológico*.

El enfoque de *rendimiento esperado* pregunta qué te pondrá en una mejor posición a largo plazo: ¿pagar la deuda o invertir? La respuesta se basa en comparar la tasa de interés de la deuda con el rendimiento esperado de la inversión.

- Si tienes que pagar un interés del 5 % sobre tu deuda, pero estimas que el rendimiento de una inversión puede ser del 20 %, entonces, te encontrarás un 15 % mejor una vez que cobres el dinero de tu inversión y pagues los intereses de la deuda.
- En cambio, si tienes que pagar un interés del 5 % sobre tu deuda, pero sólo esperas obtener un rendimiento del 3 % de tu inversión, tu situación será un 2 % peor después de cobrar el rendimiento y pagar los intereses.

Poniéndolo en términos prácticos, a largo plazo el mercado de valores ha obtenido una rentabilidad media del 8 % anual. Así pues, si tienes una tarjeta de crédito que te cobra un interés del 20 % anual, tu rendimiento esperado sería mayor si pagaras la deuda. Pero, si la tasa de interés de tu hipoteca es del 4 %, resultaría más rentable que sólo satisficieras los pagos mínimos de la hipoteca y comenzaras a invertir en el mercado de valores.

La segunda forma en que hemos visto a los expertos abordar la deuda es el *enfoque psicológico*. Se basa en la idea de que controlar tu dinero es en parte conductual y en parte psicológico y que tener muchas deudas puede dificultar la creación de buenos hábitos monetarios. Los defensores sugieren que comiences por controlar tu deuda, generar impulso, sentir que puedes tomar el control de tus finanzas y entonces, una vez que estés libre de deudas, habrás desarrollado buenos hábitos y estarás preparado para invertir. Con un enfoque psicológico, podrías priorizar quedarte tranquilo con tu hipoteca y liquidarla, aunque el retorno esperado sea más bajo.

El mayor defensor de este enfoque psicológico es Dave Ramsey. Ha acuñado el método de la «bola de nieve», que consiste en organizar todas tus deudas desde la cantidad más pequeña hasta la más grande y pagarlas en ese orden. No se preocupa por las diferentes tasas de interés de las distintas deudas, porque cree que lo más importante es el impulso que se genera al eliminar una deuda tras otra. Este impulso, muy análogo a una bola de nieve que rueda pendiente abajo, se acelerará y hará que saldar cada deuda sucesiva sea cada vez más fácil.

No hay una respuesta única a esta pregunta: en realidad, depende de tus circunstancias y de tu relación con el dinero. Si estás tranquilo, calmado y sereno, tal vez lo abordes matemáticamente con el rendimiento esperado. Pero, si te sientes abrumado por tu situación financiera, céntrate primero en cambiar tu forma de pensar con respecto al dinero e intenta controlar la situación. No tengas miedo de pedir ayuda; hay personas que han pasado por lo que tú estás pasando y que quieren ayudarte.

Nuestra última reflexión sobre esta pregunta: no te sientas deprimido si no puedes empezar a invertir de inmediato porque estás centrado en saldar tus deudas. Pagar deudas y acumular inversiones son dos caras del mismo viaje de creación de riqueza. En diferentes etapas de tu vida, verás que tendrás diferentes prioridades. Pero tanto si estás pagando tu deuda más rápido para evitar el 7 % de interés como si estás invirtiendo para obtener un rendimiento del 7 %, estás tomando medidas para asegurarte de tener más riqueza que ayer.

¿Luchando contra la deuda? Dispones de ayuda

En muchos países, el asesoramiento financiero es caro y a menudo está reservado a personas con mucha riqueza. Pero hay recursos y servicios gratuitos a los que puedes recurrir. A continuación te ofrecemos algunos números de teléfono que te podrían ser de gran ayuda. Y si no resides en uno de estos países, el primer término que debes buscar en Google es «asesoramiento financiero en [tu país]».

Australia: National Debt Helpline, 1800 007 007
Canadá: Credit Counselling Canada, 1866 398 5999
Nueva Zelanda: MoneyTalks, 0800 345 123
Reino Unido: National Debtline, 0808 808 4000
Estados Unidos: Financial Counseling Association of America, 1800 450 1794

Ahorra lo que puedas; invierte lo que puedas

En el mundo de las inversiones, lo único que puedes controlar es cómo administras tu dinero. Pero al fin y al cabo es tu dinero: gástalo como quieras.

Las circunstancias de tu vida cambian con el tiempo: cuánto ganas, para qué grandes compras estás ahorrando, a cuántas personas mantienes, cuán cerca estás de la jubilación… La regla general de «ahorrar el 30 % de tus ingresos en cada paga» sencillamente no funciona en la vida real.

Durante los primeros años laborales, es posible que no puedas permitirte el lujo de ahorrar el 30 %; tal vez necesites cada centavo de tu sueldo para cubrir los gastos de manutención. No pasa nada. Más adelante es posible que seas ascendido y que ello implique un aumento salarial, y entonces ahorrar un 30 % será coser y cantar. En este caso, desafíate a ti mismo, intenta ahorrar más. Y entonces es posible que tengas hijos y de repente la idea de ahorrar un tercio de tus ingresos es una quimera.

Es normal que ninguna de estas reglas para ahorrar dinero te sirva.

Después de leer muchos libros sobre inversiones y finanzas personales y hablar con expertos en nuestro pódcast durante años, todo lo que podríamos decirte es que seas consciente y seas intencional.

Ser consciente significa saber a dónde va tu dinero. Estamos bastante seguros de que la mayoría de las personas que lean esto se han suscrito alguna vez a una revista, quizás después de una prueba gratuita, y que luego se han olvidado de ella. ¿Cuándo ha sido la última vez que has revisado tu extracto bancario y has hecho limpieza de gastos innecesarios?

Ser intencional significa pensar en cómo gastas tu dinero. Considera si realmente quieres eso y si hay una forma más económica de conseguirlo.

Un consejo común que vemos de los expertos en finanzas personales es no comprar nada de inmediato. En vez de ello, espera y deja pasar tres días. Así podrás ver si realmente lo deseas o si simplemente te habías dejado llevar por esa emoción inicial.

No estamos aquí para decirte que sigas alguna de estas reglas. Y ciertamente no estamos diciendo que no cometamos errores de dinero y que no hagamos compras impulsivas ocasionales. (Alec todavía ostenta el título de peor compra impulsiva: un conjunto de bandas elásticas después de ver un anuncio en Instagram durante los primeros días de la COVID-19; tardaron casi doce meses en llegar).

No queremos decirte *cómo* debes administrar tu dinero; sólo te estamos diciendo que administres tu dinero.

Por bueno o malo que sea, no dejes que eso te impida invertir

El consejo final que queremos darte es el siguiente: no dejes que tener el dinero distribuido te impida invertir. No hay nada que apague más la emoción de invertir que el aburrimiento de tener el dinero asignado.

Hoy en día puedes empezar a invertir con centavos. Estamos seguros de que, cuando empieces a ver que el mercado de valores puede hacer crecer tu riqueza, estarás más decidido a entrar en la aplicación de tu banco y cancelar algunas suscripciones innecesarias.

Los asteroides que destrozarían la economía mundial

En el cinturón de asteroides entre Marte y Júpiter hay un asteroide que vale más que toda la economía de la Tierra. Forbes ha estimado que 16 Psyche, fabricado principalmente de hierro y níquel, vale diez trillones de dólares (es decir, 10.000.000.000.000.000.000 de dólares). Y 16 Psyche no está solo ahí arriba. *Business Insider* ha valorado un asteroide cercano, 511 Davida, el séptimo más grande jamás descubierto, en 27 trillones de dólares (o 27.000.000.000.000.000.000.000 de dólares).

Parece que 16 Psyche es único por ser el núcleo expuesto de un planeta primitivo. La NASA planea enviar una nave espacial, también llamada *Psyche*, al asteroide y comprender mejor cómo se forman los planetas. Pero no esperes que el personal de la NASA vea de repente grandes aumentos salariales.

Actualmente no tenemos la tecnología necesaria para traer un asteroide masivo a la Tierra ni para extraer sus minerales en el espacio. Y, aunque pudiéramos hacerlo, los precios de los metales como el hierro y el níquel los fija la oferta y la demanda. Si la NASA comenzara a traer grandes cantidades desde el espacio, sus precios caerían en picado en la Tierra. Mucha más oferta no implica más demanda.

Pero si bien la minería espacial puede parecer ciencia ficción, no lo es tanto como podría pensarse. Si queremos establecer presencia humana permanente en la Luna (la NASA está trabajando en ello) o en Marte (en este caso es Elon Musk quien lo pretende), necesitaríamos encontrar una manera de reabastecer a los astronautas que viven allí. Es caro enviar materiales desde la Tierra al espacio (en 2019, *SpaceX* cobró 2.720 dólares por kilogramo enviado a la Estación Espacial Internacional). Por eso los científicos están explorando la posibilidad de extraer recursos en el espacio. Esto incluiría la extracción de metales como hierro, níquel y oro, así como la extracción de hielo, que puede derretirse en agua o descomponerse en oxígeno e hidrógeno.

Por lo que respecta a este tema, todavía estamos en pañales. Pero hay empresas que trabajan en ello. La Canadian Space Mining Corporation está desarrollando la infraestructura y la maquinaria necesarias para sustentar vida en el espacio, la estadounidense OffWorld está desarrollando robots industriales para su uso en la Luna, los asteroides y Marte, y la británica Asteroid Mining Corporation está trabajando para desarrollar un mercado para los recursos espaciales.

Automatiza tu inversión

1. Cobra

2. Automatiza tu inversión

3. Compra un poco de todo

4. Repite con cada pago

Elige un corredor de bolsa

Esto es lo confuso del mercado de valores: no podemos acudir a él directamente y comprar acciones. Si visitas el sitio web de la Bolsa de Valores de Australia, podrás encontrar toda la información que desees sobre las acciones que cotizan allí, pero no habrá manera de comprarlas. Para comprarlas, necesitamos encontrar una plataforma que lo haga por nosotros. Ahí es donde entran los corredores de bolsa. Son las plataformas que utilizamos para comprar y vender acciones. Y hay muchísimos (demasiados).

La manera tradicional de comprar acciones consistía en llamar a un corredor de bolsa. Más adelante, en la década de 1990, vimos surgir los corredores o brókeres *online* y comprar acciones resultó tan sencillo como comprar cualquier producto *online. (En serio, igual de fácil. Incluso probamos si era más rápido comprar acciones de Amazon o calcetines de Amazon. Resultó más rápido comprar acciones).*

Las plataformas *online* hicieron que la inversión fuera más barata y rápida. En la última década se han creado centenares de nuevos corredores *online* en todo el mundo, y todos ellos ofrecen diferentes características para atraer a diferentes tipos de inversores.

Pero hay que tener en cuenta una cosa cuando nos referimos a corredores de bolsa. Son una *commodity*. Te están ofreciendo acceso a las mismas acciones por el mismo precio en el mismo mercado. No existe exclusividad para los corredores del mercado de valores. Ninguno de ellos lanza afirmaciones del tipo «Acciones de Apple, sólo disponibles en Robinhood» u «Obtén el doble de dividendos si compras Unilever a través de Stake». Todos ellos ofrecen exactamente el mismo producto. Así pues, compiten entre ellos en precio, acceso y características.

- El precio es cuánto te cobran por invertir (normalmente, aunque no siempre, una comisión de corretaje cuando compras o vendes).
- El acceso es el mercado en el que te permiten invertir (hoy en día, ofrecer acceso a tu país de origen y a Estados Unidos es lo mínimo indispensable).
- Las características son detalles adicionales que te ayudarán a tomar mejores decisiones de inversión.

Estas cosas influyen sobre los márgenes. Pequeñas diferencias en los costes de corretaje pueden acumularse a lo largo de toda una vida de inversión. Pero, en general, piensa en los corredores de bolsa como una *commodity*.

La pregunta más frecuente que nos hacen en Equity Mates es «¿Con qué bróker debería registrarme?». Es una de las primeras decisiones que todo inversor debe tomar y la cantidad de opciones es abrumadora. Cuando tomes esta decisión, recuerda que los diferentes corredores son simplemente rutas diferentes hacia el mismo mercado de valores.

Es importante destacar que no hay costes de cambio para los corredores de bolsa. Si un corredor te ofrece un mejor trato o entra en el mercado un nuevo corredor, no estás obligado a firmar un contrato con tu corredor actual. Puedes cambiar. Lo que es aún mejor, no hay exclusividad. Puedes abrir carteras con varios corredores, la mayoría de las veces de forma gratuita y la mayoría sólo te cobran si compras o vendes algo en su plataforma.

Finalmente, recuerda que, incluso aunque elijas el peor corredor de todos, seguirás siendo mejor por haber comenzado. Procede con confianza, sabiendo que incluso la peor decisión es mejor que no tomar ninguna.

Inversión automática: invierte y olvídate de ello

Algunos corredores de bolsa ofrecen una característica particular que nos permite automatizar nuestras inversiones. A veces verás que se llama inversión recurrente y, otras, inversión automática. Son lo mismo. Se llame como se llame, nos ha permitido automatizar todo nuestro proceso de inversión y seguir con nuestras vidas, seguros de que nuestro dinero se mueve en un segundo plano.

¿Y la mejor parte? Se tarda menos de un minuto en hacerlo.

¿Qué es la inversión automática?

Dollar Shave Club, el servicio *online* de suscripción a maquinillas de afeitar, arrasó en el mundo en la década de 2010. La idea clave de la empresa era que comprar maquinillas de afeitar nuevas era una compra relativamente constante. Algo que la gente necesitaba comprar con cierta regularidad era ideal para la automatización. En lugar de tener que acordarte de ir a una tienda y comprar maquinillas de afeitar nuevas, Dollar Shave Club te permitía recibirlas automáticamente en la puerta de tu casa.

Piensa en la inversión automática como un Dollar Shave Club para el mercado de valores. En lugar de tener que acordarte de transferir dinero a tu cuenta en la que compras y vendes acciones *online* e invertir cada mes, le das a esa cuenta un conjunto de instrucciones para hacerlo de manera automática.

Por ejemplo, en Equity Mates nos pagan cada dos lunes:

- El lunes, nuestro pago llega a nuestra cuenta bancaria.
- El martes tenemos una transferencia automática de 100 dólares desde nuestra cuenta bancaria a nuestro corredor *online*.
- El miércoles nuestro corredor tiene una orden recurrente para comprar 100 dólares de un fondo cotizado en bolsa del S&P 500 (explicaremos qué significa eso en el Paso 3).

Nos pagan quincenalmente, por lo que a lo largo del año nos pagarán 26 veces. Así pues, se transfieren y se invierten automáticamente 100 dólares 26 veces a lo largo del año. Sin hacer nada, podremos comprobar nuestra cuenta de corretaje al final del año y ver 2.600 dólares invertidos en el fondo cotizado en bolsa del S&P 500.

Verdaderamente invertimos y nos olvidamos de ello.

¿Qué pasa si soy autónomo, trabajador temporal o me pagan de forma irregular?

Si no tienes la certeza de un calendario regular de ingresos o de un sueldo regular, es posible que la función de inversión automatizada no sea la ideal en tu caso. La buena noticia es que hay muchas alternativas.

Una alternativa son las plataformas de microinversión como Raiz (en Australia) o Acorns (en Estados Unidos), que redondean tus gastos al siguiente dólar e invierten la diferencia por ti.

Nuestra sugerencia, sin embargo, es más sencilla. Regístrate en uno de estos corredores *online* e invierte lo que puedas cuando puedas. No hace falta utilizar la función de inversión automática para beneficiarte del poder de creación de riqueza del mercado de valores.

Si tus ingresos son irregulares, antes que nada, asegúrate de gestionar tu dinero para cubrir tus facturas y gastos hasta el próximo pago. Si te sobra algo de dinero, por poco que sea, inviértelo cuando puedas.

Puedes pasar al Paso 3 para ver en qué te sugerimos invertir.

¿Qué corredores ofrecen inversión automática?

Hay muchas opciones en el mercado. Cada vez más corredores añaden una función de inversión automática y facilitan la inversión.

No existe el corredor perfecto. Todos ofrecen diferentes características, con diferentes diseños y se dirigen a diferentes tipos de inversores. Lo único que realmente importa para nuestro estilo de inversión son tres preguntas:

1. ¿Nos permite automatizar nuestras inversiones?
2. ¿Nos permite invertir pequeñas cantidades de dinero?
3. ¿Nos permite hacerlo barato? (Lo ideal es que sea gratis).

En las páginas siguientes mencionamos algunos de los corredores que cumplen con estos criterios. Si aquí no ves ningún corredor de bolsa que preste servicios en tu país, lo mejor que puedes hacer es buscar en Google «inversión automática en [tu país]». Estamos seguros de que tendrás de alguna opción a tu disposición.

Esta lista cambia periódicamente a medida que los corredores añaden nuevas funciones y entran en el mercado nuevas empresas. Para ver una lista actualizada, escanea el código QR de la esquina superior de esta página o visita **equitymates. com/brokers**

Nuestros criterios para elegir un corredor

1. Ofrece inversión automática (a veces conocida como inversión recurrente).
2. Nos permite invertir pequeñas cantidades de dinero.
    • Como mínimo, menos de 100 dólares a la vez.
    • En el mejor de los casos, invertir desde un dólar.
3. Nos permite hacerlo de forma económica.
    • Como mínimo, el coste total es inferior al 1 % de lo que estamos invirtiendo.
    • En el mejor de los casos, gratis.
4. No vende productos financieros de riesgo (como contratos por diferencia, también conocidos como CFD; en serio, no contrates CFD: la Autoridad de Conducta Financiera del Reino Unido descubrió que el 82 % de los inversores pierden dinero. No vale la pena).

¿Qué corredores se ajustan a nuestros criterios?

Llegados a este punto, te vamos a dar buenas y malas noticias. Buenas noticias: hay muchos corredores que se ajustan a nuestros criterios. La competencia es intensa en este espacio y eso significa que hay muchas empresas trabajando para que invertir sea más barato y sencillo que nunca. Pero ésa también es la mala noticia: hay una abrumadora cantidad de opciones.

Como ya hemos explorado antes, nuestros cerebros no son buenos cuando hay demasiadas opciones. Así pues, para simplificarlo, hemos elaborado una breve lista de excelentes opciones en nuestros cinco mercados clave. Queremos destacar que esta lista no es exhaustiva (así que no te enfades si tu corredor favorito no aparece aquí) y se podría quedar obsoleta a medida que nuevas empresas vayan sacando sus ofertas al mercado.

¿Nuestro consejo? Utiliza esta lista como punto de partida, con la confianza de que estas empresas podrán ofrecerte todo lo que necesitas. Más adelante, si quieres tener los ojos abiertos y ver si hay una nueva oferta que sea aún mejor, siempre podrás cambiar.

Corredores que se ajustan a nuestros criterios

Estados Unidos	• Robinhood • Charles Schwab • TD Ameritrade
Canadá	• Qtrade • Wealthsimple • Questrade
Reino Unido	• Moneybox • InvestEngine
Australia	• Sharesies • Pearler • Superhero
Nueva Zelanda	• Sharesies

Cualquiera de estos corredores es una excelente opción y le ofrecerá todo lo que necesitas para configurar tus inversiones automatizadas y poder seguir haciendo tu vida sin tener que preocuparte.

Hasta dónde llegará un director ejecutivo

Probablemente hayas oído que los negocios son como ir a la guerra, pero nadie se toma esto más en serio que el cofundador y director ejecutivo de Salesforce, Marc Benioff.

El 22 de febrero de 2000, los manifestantes inundaron la acera donde se estaba celebrando la Conferencia de Usuarios de Siebel en San Francisco. Llevaban carteles y coreaban eslóganes que pedían «el fin del *software*». Las cámaras de los noticiarios los siguieron y un reportero de Channel 22 informó en directo desde el lugar.

Channel 22 no existe. Manifestantes y periodistas eran todos actores. Toda la escena fue organizada por uno de los rivales más recientes de Siebel, Salesforce. La empresa de Benioff tenía menos de un año de existencia, pero él estaba dispuesto a hacer todo lo posible para llamar la atención.

Cuando Siebel llamó a la policía, la falsa protesta de repente se convirtió en una noticia real. El espectáculo tuvo el efecto deseado: puso en el punto de mira a la joven empresa de Benioff.

Después de esto, Benioff dejó de alterar la conferencia de Siebel.

En otra conferencia de Siebel, esta vez en Francia, Benioff reservó todos los taxis del aeropuerto. La mayoría de los asistentes volaban hasta Niza y allí cogían un taxi que los llevaba hasta Cannes, a 45 minutos de distancia. Así pues, Benioff contrató todos los taxis del aeropuerto, puso a un miembro del equipo en cada taxi e hizo que su equipo presentara Salesforce en el viaje de 45 minutos. ¡Hablar con una audiencia atrapada!

Estas tácticas de marketing tuvieron el efecto deseado. Salesforce acabó superando a Siebel y se convirtió en una de las empresas de *software* más grandes del mundo.

COMPRA UN POCO DE TODO

1. Cobra

2. Automatiza tu inversión

3. Compra un poco de todo

4. Repite con cada pago

Explicación del índice: cuando la media es extraordinaria

Pensemos en los pasos que hemos cubierto hasta ahora de una manera diferente:

Paso 1: Liberar algo de dinero para invertirlo.
Paso 2: Transferirlo a un corredor de bolsa.

Ahora pasemos al Paso 3: Invertir realmente el dinero.

Para entender cómo lo invertimos, queremos comenzar explicando un producto relativamente nuevo en el panorama de la inversión: el fondo indexado.

Todos los días las noticias informan sobre los cambios en el mercado de valores (*el mercado de valores de Estados Unidos ha subido hoy un 2 %, mientras que el de Japón ha caído un 1 %*), pero si el mercado de valores está formado por miles de empresas individuales, ¿cómo medimos el mercado de valores en su conjunto?

Los índices nos permiten añadir o sumar un conjunto de datos y hacer un seguimiento de sus cambios a lo largo del tiempo. En finanzas, quizás el índice más frecuentemente comentado es el índice de precios al consumidor (IPC), que hace un seguimiento del precio de una cesta de la compra para ayudarnos a monitorizar la inflación. Pero hay índices para todo: el precio de la vivienda, los salarios e incluso cómo se siente la gente con respecto a la economía.

Siempre que tengas un grupo de números que quieras medir, puedes indexarlos.

Usuarios activos mensuales en las redes sociales

	2020	2021	2022
TikTok	700 millones	1.000 millones	1.800 millones
Instagram	1.000 millones	1.200 millones	2.000 millones
YouTube	2.000 millones	2.200 millones	2.600 millones
Total	**3.700 millones**	**4.400 millones**	**6.400 millones**
Indexado	100 Éste es el año inicial, por lo que lo basamos en 100.	119 (+19%) El total ha aumentado un 19% respecto al año anterior.	173 (+45%) El total ha aumentado un 45% respecto al año anterior.

Temperatura media anual (grados Celsius)

	2019	2020	2021
Estados Unidos	12	13,17	13,5
Canadá	–4,38	–4,27	–3,71
Reino Unido	9,55	9,68	9,38
Australia	22,79	22,57	22,06
Nueva Zelanda	10,95	10,91	11,23
Media	**10,18**	**10,41**	**10,49**
Indexado	100 Éste es el año inicial, por lo que lo basamos en 100.	102,3 (+2,3%) La media ha aumentado un 2,3% respecto al año anterior.	103 (+0,8%) La media ha aumentado un 0,8% respecto al año anterior.

Lo bueno de los índices es que nos permiten hacer un seguimiento de los cambios año tras año, pero también nos ofrecen una manera sencilla de ver el crecimiento o la disminución desde el punto de partida. Por ejemplo, en 2022 podemos ver que los usuarios activos mensuales de las redes sociales aumentaron un 45% con respecto a 2021 y un 73% con respecto al año inicial (2020).

Cuando se trata del mercado de valores, el concepto es el mismo. Elige una fecha de inicio, recoge todas las acciones y establece un punto de partida en esa fecha, y luego mide su evolución a lo largo del tiempo.

Entonces, en algún momento, surgieron John Bogle y Vanguard, la empresa que fundó, con una idea novedosa: ¿y si no utilizáramos un índice sólo para medir los mercados bursátiles? ¿Y si lo utilizáramos también para invertir? Bogle se dio cuenta de que no muchos inversores pueden hacerlo mejor que el índice bursátil. Entonces, en lugar de intentar elegir acciones, diseñó un producto que nos permite ser propietarios de un poco de todo y obtener beneficios a medida que crece el mercado en general.

La analogía que utilizamos en nuestro primer libro, *Get Started Investing*, fue una macedonia de frutas. Antes de John Bogle y Vanguard se podían comprar empresas individuales: plátanos, manzanas y peras. El fondo indexado te ofrece una pequeña parte de todas ellas: una macedonia de frutas.

El primer fondo indexado de Vanguard, lanzado en 1976, fue el Vanguard 500 Index Fund y tenía acciones de las 500 empresas más grandes que cotizan en la bolsa en Estados Unidos (el equivalente al S&P 500 actual). Bogle no intentó escoger cuáles de las 500 funcionarían bien y no trató de excluir ninguna baratija. Sencillamente dijo: «Dame las 500 y déjame tomar el rendimiento medio de todas ellas».

Estaba invirtiendo en el crecimiento general de la economía estadounidense y de todo ese grupo de empresas, y no simplemente en una empresa individual.

¿Tenía razón Bogle?

En una palabra: sí. Si tomamos como primera empresa pública la Compañía Holandesa de las Indias Orientales en 1602, entonces el fondo indexado es sólo un bebé, ya que el primer fondo indexado se lanzó en Estados Unidos en 1976. Y, sin embargo, en sólo cincuenta años, John Bogle ha cambiado el panorama inversor.

Hoy en día, Vanguard gestiona más de 8 billones de dólares para inversores, desde personas como nosotros hasta las instituciones financieras más grandes del mundo. La gente acude en masa a estos fondos indexados porque la idea original de John Bogle era correcta: no es necesario gastar tiempo y esfuerzo tratando de ganarle al mercado de valores. Puedes generar suficiente riqueza invirtiendo en el mercado de valores en general. La media es suficiente.

Si hubieras invertido 100 dólares en el S&P 500 (el índice que sigue a las 500 empresas que cotizan en bolsa más grandes de Estados Unidos) a principios de 1976 y hubieras reinvertido todos los dividendos, habrías tenido 13.188 dólares a finales de 2022, aproximadamente el 11 % anual.

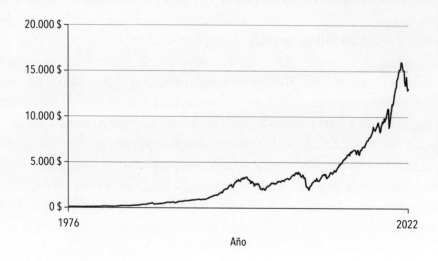

100 $ invertidos en 1976, dividendos reinvertidos

El asunto comienza a volverse realmente emocionante si modificas ligeramente el escenario. Si en lugar de invertir 100 dólares sólo una vez en 1976, fíjate en lo que hubiera pasado si hubieras invertido 100 dólares cada mes desde 1976 hasta finales de 2022 (46 años, ésa es la duración realista de una vida laboral). Esos 100 dólares al mes invertidos, junto con la reinversión de todos los dividendos, equivalen a 1,5 millones de dólares.

John Bogle tenía razón. La media fue suficiente.

100 $ invertidos cada mes, dividendos reinvertidos

Principios básicos de los fondos indexados

Llegados a este punto quizás te estés preguntando cómo se mueve el precio de un índice.

De manera similar a cómo hacemos un seguimiento de los usuarios mensuales de las redes sociales o de la temperatura media, un índice bursátil monitoriza los cambios en el precio de un grupo de acciones. Todos los días los precios cambian –algunos suben mientras que otros bajan– y el índice toma la media de todos ellos.

Creemos un índice hipotético de empresas estadounidenses (lo vamos a llamar índice Big Tech) e incluyamos el precio actual de sus acciones.

	Precio inicial
Apple	130 $
Microsoft	240 $
Amazon	85 $
Netflix	300 $

Con el tiempo, los precios de estas empresas varían.

	Precio inicial		Precio nuevo
Apple	130 $	+20 %	156 $
Microsoft	240 $	−10 %	216 $
Amazon	85 $	+2 %	86,70 $
Netflix	300 $	+1 %	303 $
	Nivel inicial: 100	Media: +3,25 %	Nuevo nivel: 103,25

Nuestro índice ha subido el 3,25 % porque ésa es la media de cómo se han movido las cuatro compañías. Como inversor, podríamos haber comprado el índice Big Tech a 100 dólares y haberlo vendido a 103,25 dólares. Así es como ganamos dinero.

Todos los días algunas compañías suben de precio, mientras que otras bajan. Y nosotros, como inversores, obtenemos el movimiento medio.

En realidad, es algo más complicado que esto, porque la mayoría de los índices de mercado de valores dan más peso a las compañías más grandes. Al ser la compañía más grande de Estados Unidos, Apple tiene más impacto en el índice S&P 500 que Pepsi. Y Pepsi, como la vigesimotercera compañía más grande, tiene más impacto que Starbucks, que ocupa el lugar sesenta y seis. Pero el principio sigue siendo el mismo: un índice monitoriza los precios de las acciones que sigue y así es cómo ganamos dinero.

Índices de todo el mundo

En el cuadro se muestran algunos de los índices más comunes en todo el mundo.

Índices por país

País	Índice	Qué sigue	Compañías más grandes
Estados Unidos	S&P 500	Las 500 compañías estadounidenses más grandes del mercado de valores	• Apple • Microsoft • Amazon
China	CSI 300	Las 300 compañías chinas más grandes del mercado de valores	• Kweichow Moutai • Contemporary Amperex Technology Co. • Ping An Insurance
Reino Unido	FTSE 100	Las 100 compañías británicas más grandes del mercado de valores	• AstraZeneca • Shell • HSBC
Unión Europea	STOXX 600	Las 600 compañías europeas más grandes del mercado de valores	• Nestlé • ASML • Novo Nordisk
India	NIFTY50	Las 50 compañías indias más grandes del mercado de valores	• Reliance Industries • HDFC Bank • ICICI Bank
Canadá	TSX 60	Las 60 compañías canadienses más grandes del mercado de valores	• Royal Bank of Canada • Toronto Dominion Bank • Enbridge
Australia	ASX 200	Las 200 compañías australianas más grandes del mercado de valores	• BHP • Commonwealth Bank • CSL
Nueva Zelanda	NSX 50	Las 50 compañías neozelandesas más grandes del mercado de valores	• a2 Milk • EBOS Group • Meridian Energy

Índice	Qué sigue	Compañías más grandes
MSCI World Index	1.507 compañías de 23 mercados desarrollados	• Apple • Microsoft • Amazon
MSCI All World Index	2.882 compañías de 23 mercados desarrollados y 24 mercados emergentes	• Apple • Microsoft • Amazon
S&P Global 100	100 grandes compañías multinacionales	• Apple • Microsoft • Amazon

¿Por qué ha subido tanto el S&P 500?

Desde que Vanguard introdujo el primer fondo indexado en 1976, la nueva tecnología ha asaltado el mundo, el comercio global ha abierto nuevos mercados y se han creado nuevas y sorprendentes compañías. Con el tiempo, algunas compañías se han ido haciendo más grandes mientras que otras han perdido importancia.

Y ésta es parte de la genialidad de los fondos indexados. Cada tres meses, se actualiza la lista de empresas más grandes. Se añaden empresas en crecimiento y se eliminan empresas que pierden valor. Así pues, no somos propietarios de las compañías más grandes de 1976; somos propietarios de las compañías más grandes de hoy.

Éstas son algunas adiciones notables al S&P 500 desde 1976:

- Apple se añadió en 1982.
- Microsoft se añadió en 1994.
- Amazon se añadió en 2005.
- Netflix se añadió en 2010.
- Tesla se añadió en 2020.

Y éstas son las compañías que han hecho subir más el S&P 500.

- Apple ha subido un 105.000 % desde 1982.
- Microsoft ha subido un 8.500 % desde 1994.
- Amazon ha subido un 4.000 % desde 2005.
- Netflix ha subido un 4.000 % desde 2010.
- Tesla ha subido un 300 % desde 2020.

Ésta es la belleza de un índice de mercado de valores. Dado que sólo sigue a las compañías más grandes en un mercado de valores, las empresas que pierden valor son excluidas del índice y reemplazas por las compañías en crecimiento que aportan nuevos productos, nuevas tecnologías o nuevas maneras de hacer negocios en el mundo. Este proceso de destrucción creativa sigue empujando hacia arriba el índice general del mercado de valores.

No se trata únicamente de un fenómeno estadounidense. En todo el mundo vemos resultados similares cuando se crean nuevas empresas y se incluyen en el índice del mercado de valores. En Europa tenemos el STOXX 600, que incluye las 600 compañías más grandes de todo el continente. Creado en 1998, este índice es algo más reciente que el S&P 500 estadounidense. Desde 2010, podemos ver cómo se han incorporado en el mercado de valores diversas empresas conocidas.

- Rolls-Royce se incorporó en 2011.
- El héroe de entrega se incorporó en 2017.
- HelloFresh se incorporó en 2019.
- Porsche se incorporó en 2022.

Estas conocidas empresas en crecimiento se van incorporando al índice. Y dado que somos propietarios del índice, terminamos poseyendo una pequeña parte de ellas. Nos beneficiamos cuando crecen.

Pero lo contrario también es cierto. Las empresas de crecimiento más lento o que incluso van a menos son retiradas del índice. Así pues, tenemos un proceso en el que se añaden las mejores y se retiran las peores, todo ello sin que tengamos que hacer nada.

Para verlo en la práctica, fijémonos en el S&P Global 100, un índice global que incluye cien grandes compañías multinacionales.

- Microsoft se incorporó en 1997, sustituyendo a Nynex Corp.
- Procter & Gamble se incorporó en 1998, sustituyendo a Digital Equipment.
- Pfizer se incorporó en 2000, sustituyendo a Fluor Corp.
- Starbucks se incorporó en 2012, sustituyendo a Avon Products.

Las compañías que se han añadido al índice son mucho más conocidas y han obtenido mejores resultados que las que se han retirado. Por esta razón los índices han sido una herramienta tan poderosa para los inversores.

Un estudio de Kiplinger ha demostrado que sólo el 2,4 % de las empresas que cotizan en bolsa son responsables de los 76 billones de dólares en riqueza creada en el mercado de valores en los últimos treinta años. El quid de la cuestión es ser propietario de esas pocas compañías brillantes.

Con los índices, podemos estar seguros de que lo somos.

Gracias a los índices, no tienes que pensar

Quizás la característica que más nos gusta de los índices es cómo eliminan nuestra necesidad de pensar (*no te vayas ahora*). El fondo indexado gestiona la incorporación y la eliminación de empresas. Tú no necesitas hacer nada y la modificación del fondo indexado no te supone ningún coste ni tiene ninguna implicación fiscal para ti. Pero más allá de eso, cuando se trata de invertir, hay muchos otros factores que considerar y muchas preguntas que responder. Los índices nos ofrecen una respuesta fácil a muchas de ellas.

¿Debería invertir para obtener crecimiento o beneficios?
Una pregunta frecuente de los inversores. La buena noticia es que con los índices obtienes ambas cosas. Tienes algunas de las empresas más grandes y rentables que pagan un buen dividendo y también empresas que crecen rápidamente cuando entran a formar parte del índice. En el S&P 500 estadounidense se encuentran Walmart y Tesla; en el ASX 200 australiano, BHP y WiseTech Global.

¿Cómo diversifico mis inversiones?
La diversificación es uno de los términos más comunes que oirás en el mundo de la inversión. Incluso entre los no inversores, es uno de los pocos términos con los que la mayoría de la gente está familiarizada. La buena noticia es que los índices ya están diversificados. El FTSE 100 del Reino Unido, por ejemplo, tiene acciones de cien empresas diferentes, desde el gigante del alcohol Diageo hasta el fabricante de vacunas AstraZeneca. Desde Rolls-Royce hasta Intercontinental Hotels, desde Burberry hasta HSBC, hay un amplio abanico de empresas diferentes que se dedican a cosas completamente diferentes.

Y si deseas salir del Reino Unido y diversificarte internacionalmente, el índice MSCI All World incluye empresas de 47 países. Los índices nos permiten tener una cartera diversificada con una sola transacción.

¿Debo reequilibrar mi cartera de valores?

A los inversores les gusta tener ciertos porcentajes de su dinero en determinados lugares; por ejemplo, el 50 % en acciones americanas, el 20 % en acciones europeas y el 30 % en propiedades. A medida que los precios van cambiando, los inversores van actualizando su cartera de valores para mantener esa ponderación 50/20/30. En cambio, con los fondos indexados no tenemos que preocuparnos por esto. Así como el proveedor del índice hace el trabajo de añadir nuevas empresas y eliminar algunas antiguas, también reequilibrará el fondo cuando sea necesario. Básicamente, el proveedor del fondo indexado hace el trabajo por nosotros, lo que significa menos esfuerzo, menos costes y menos impuestos. Muy bien.

¿No entiendes toda esta jerga? Ningún problema. En definitiva, la inversión indexada ha hecho que la inversión resulta más barata, sencilla y accesible.

La inversión indexada ha conquistado el mundo

Es posible que la inversión indexada no haya aparecido hasta los últimos cincuenta años, pero se ha convertido en la forma más popular de invertir. Una estimación del Investment Company Institute de 2021 sugiere que ahora se invierten casi diez billones de dólares en índices. Este estilo de inversión se conoce como «inversión pasiva» porque no se toman decisiones activas de compra o venta. En vez de ello, simplemente estás manteniendo de manera pasiva un poco de todo y dando por bueno el rendimiento global del mercado.

Los mayores gestores de activos del mundo son los que ofrecen fondos indexados. Volviendo a John Bogle y Vanguard, en 1975 gestionaba 1.700 millones de dólares. En la actualidad gestiona 8 billones de dólares.

Tomando una instantánea de un año y un país (Estados Unidos en 2016), Morningstar informó que se destinaron 504.000 millones de dólares a productos gestionados pasivamente (que incluyen fondos indexados), mientras que se retiraron 316.000 millones de dólares de fondos gestionados activamente.

A medida que fluye más dinero hacia los fondos indexados, algunos de los mayores inversores del mundo también los empiezan a adoptar. Warren Buffett es posiblemente el mayor inversor de la historia, con un patrimonio neto de más de 100.000 millones de dólares; después de seis décadas de éxito en inversiones, se ha convertido en un gran defensor de los fondos indexados. A pesar de haber hecho su fortuna seleccionando activamente acciones, en 2013 sugirió en una carta a los accionistas que en su testamento dejaría consejos muy diferentes a su familia:

Mi consejo al administrador no podría ser más simple: coloca el 10 % del efectivo en bonos gubernamentales a corto plazo y el 90 % en un fondo indexado de S&P 500 de muy bajo coste. (Sugiero el de Vanguard). Creo que, gracias a esta política, los resultados a largo plazo serán superiores a los obtenidos por la mayoría de los inversores (ya sean fondos de pensiones, instituciones o individuos) que utilizan gestores con honorarios elevados.

En nuestra opinión, si el fondo indexado es lo suficientemente bueno para Buffett, también lo es para nosotros.

Pero en 2008 Buffett también predicó con el ejemplo en una apuesta con el gestor de fondos de cobertura Ted Seides. Buffett dijo que no creía que un inversor profesional pudiera superar al fondo indexado de Estados Unidos durante los siguientes diez años. Cada uno de los dos puso 500.000 dólares que irían a la organización benéfica elegida por el ganador. En 2016, cuando Seides admitió que había perdido la apuesta, el fondo indexado acumulaba una rentabilidad del 85 % y la media de los cinco inversores profesionales elegidos por Seides había conseguido tan sólo una rentabilidad del 22 %.

Invertir en índices es suficiente. Como demostró la apuesta de Buffett, suele ser la mejor opción. Significa que puedes conseguir toda la riqueza que necesitas sin ni siquiera tener que informarte sobre unas acciones o invertir en una empresa individual.

Explicación de los fondos cotizados en bolsa: acceso sin papeleo

El primer concepto que pasó por tu cabeza fue el de fondo indexado; el segundo, el fondo cotizado en bolsa (conocido simplemente como ETF por sus siglas en inglés). Estos dos conceptos a menudo se utilizan indistintamente, pero esto resulta confuso y en realidad son diferentes. Ésta es la forma más sencilla de diferenciarlos:

• Un índice es el conjunto de reglas que sigue el fondo de inversión.
• Un ETF es cómo pones tu dinero en el fondo de inversión.

Cuando John Bogle lanzó el primer fondo indexado en 1976, el mundo de las inversiones era muy diferente al actual. Para invertir tu dinero en Vanguard, tenías que rellenar páginas y más páginas de papeleo y luego enviarlo por correo junto con un cheque. Esto consumía mucho tiempo y era demasiado complicado para la mayoría de la gente. Entonces, en 1990, se lanzó el primer ETF en Canadá y todo cambió.

El nombre lo explica bastante bien: el *fondo* puede *cotizarse* en una *bolsa* de valores. Esto nos permite comprar un fondo de la misma manera que compramos acciones de empresas.

• Desde el punto de vista del inversor, ahora podemos poner nuestro dinero en un fondo indexado de la misma manera que compraríamos acciones de Apple o de Microsoft (con sólo hacer clic en un botón y ya está). Ya no es necesario rellenar el papeleo a mano y enviar un cheque por correo.
• Desde el punto de vista de los fondos, ahora hay mucha menos burocracia (ya no tenemos que enviar cheques ni llamar para pedir que retornen nuestro dinero). Por lo tanto, han podido reducir sus costes, lo que se traduce en tarifas más bajas y más opciones para los inversores comunes y corrientes.

¿Qué es un ETF?

Un ETF ha sido diseñado para que tenga un aspecto y un funcionamiento muy similares a una empresa que cotiza en una bolsa de valores.

Al igual que una empresa, los ETF tienen símbolos bursátiles (por ejemplo, en Estados Unidos, el ETF S&P 500 de Vanguard tiene el símbolo VOO). Al igual que una empresa, los ETF se pueden comprar y vender en el mercado de valores. Y al igual que en una empresa, los precios de los ETF varían a lo largo del día mientras el mercado de valores está abierto. Sin embargo, la gran diferencia es que, en lugar de comprar una única empresa, se compra un fondo que incluye muchas empresas diferentes. La forma en que se gana dinero como inversor se basa en cuán bien se desempeña ese conjunto de empresas.

Los diferentes tipos de ETF

Hoy en día hay cuatro tipos diferentes de ETF en el mercado de valores:

ETF indexados. Son ETF que incluyen las empresas más grandes en un mercado en particular (los índices sobre los que hemos hablado antes).

ETF temáticos. Estos ETF incluyen empresas dedicadas a un sector concreto (por ejemplo, energías renovables, comercio electrónico o incluso exploración espacial).

ETF activos. Estos ETF incluyen empresas escogidas por un gestor de fondos profesional. Este gestor de fondos buscará comprar buenas empresas y vender las malas para obtener una mayor rentabilidad, pero también cobrará comisiones más altas.

ETF alternativos. Estos ETF incluyen otros activos, como bonos, propiedades u oro. Se pueden comprar y vender como cualquier otro ETF y ofrecen a los inversores un acceso fácil a otros activos (es mucho más fácil comprar un ETF de oro que salir a comprar oro físico).

Para nuestros propósitos, los únicos que nos interesan son los ETF indexados. Pero es importante saber que existe un abanico de ETF diferentes, porque con tantas opciones puede resultar confuso.

¿Son ETF de fondos indexados o son fondos indexados ETF?

La conversación sobre fondos indexados y ETF resulta confusa porque muchas personas utilizan ambos términos indistintamente. Pero son diferentes.

- Un ETF es la forma más sencilla de entregar tu dinero a un gestor profesional de fondos.
- Un fondo indexado es el tipo de fondo en el que inviertes.

Dicho de otra manera, un ETF es cómo inviertes y un índice es lo que compras.

Los fondos indexados nos han facilitado la obtención del rendimiento medio del mercado de valores. Posteriormente, los ETF nos han facilitado la inversión en fondos indexados. Juntos han revolucionado la industria financiera y han hecho posible el estilo de inversión sobre el que hemos escrito en *No te estreses, simplemente invierte*.

¿En qué puedo invertir?

Juntemos estos dos conceptos: fondos indexados y ETF. Llegados a este punto ya sabes todo lo que necesitas saber:

- Los fondos indexados te ofrecen el rendimiento medio del mercado.
- Los ETF te permiten comprar fondos indexados en una sencilla transacción *online*.

Cuando se trata de ETF, las opciones son muy variadas. Probablemente exista un ETF sobre cualquier campo, industria o país en el que desees invertir.

En el año 2021, había 8.552 ETF en todo el mundo con más de 10 billones de dólares invertidos. Esos 8.552 representan un 15 % más que en 2020, cuando había 7.436. Básicamente, hay muchos. La buena noticia es que puedes hacer caso omiso a la mayoría de ellos. ¿No nos crees? A continuación, te mostramos algunos de los ETF más destacados con los que nos hemos encontrado (no todos ellos existen hoy en día –algunos cerraron y devolvieron el dinero a los inversores–, pero todos tuvieron su momento y lo hicieron lo mejor que pudieron para ayudar a ganar dinero).

The Obesity ETF (SLIM)	Incluye empresas que se benefician del servicio a los obesos, incluidos atención médica, pérdida de peso y suplementos dietéticos.
Point Bridge America First ETF (MAGA)	Incluye empresas que se alinean con el partido republicano de Estados Unidos.
Global X Millennials Thematic ETF (MILN)	Incluye empresas que se beneficiarán del creciente poder adquisitivo de la generación *millennial*.
Spirited Funds/ETFMG Whiskey and Spirits ETF (WSKY)	Incluye empresas de la industria de bebidas alcohólicas, entre ellas destilerías, cervecerías y distribuidoras.
LocalShares Nashville Area ETF (NASH)	Poseía acciones de empresas con sede en Nashville, la capital del estado estadounidense de Tennessee. (Cerró en 2018).
PowerShares Lux NanoTech ETF (PXN)	Poseía 30 empresas que trabajaban para desarrollar nanotecnología. (Cerró en 2014).
HealthShares Dermatology and Wound Care ETF (HRW)	Poseía empresas que se ocupaban de dermatología y el cuidado de la piel. (Cerró en 2008).
First Trust ISE Chindia (FNI)	¿Optimista tanto con respecto a China como a la India? No compres un ETF de China y un segundo ETF de la India: compra un ETF de Chindia (¿Lo pillas?).

Para nuestro estilo de inversión, nos centramos en los índices generales del mercado. Éste era el concepto original y debería seguir formando el núcleo de la cartera de valores de cualquier inversor. ¿Por qué? Porque las modas de inversión van y vienen, pero los índices de mercado mantendrán a las empresas más grandes, sean las que sean. Si decides invertir en algunos de los ETF alternativos, resulta muy parecido a elegir una acción individual: debes tener razón. Tienes que creer que la ganadería será una buena inversión para invertir en COW[1] o que el whisky será una buena inversión para invertir en WSKY.

Eso es diferente de lo que haces cuando inviertes en fondos indexados. Estás tomando la decisión deliberada de no actuar y no estás juzgando qué sectores o qué empresas tendrán éxito o fracasarán. Vayan bien o vayan mal, suban o bajen, siempre se acaba tomando el rendimiento medio de todas las empresas más grandes porque, históricamente, ha sido suficiente.

---

1. Esta ETF incluye empresas dedicadas al sector ganadero; en inglés, *cow* significa «vaca». *(N. del T.)*.

Como recordatorio, éstos son algunos de los índices bursátiles más comunes y qué incluyen:

- Índice MSCI All World: las 2.882 empresas más grandes de 47 países.
- S&P Global 100: incluye 100 empresas multinacionales de primera línea de todo el mundo.
- S&P 500: incluye las 500 empresas públicas más grandes de Estados Unidos.
- CSI 300: incluye las 300 empresas públicas más grandes de China.
- FTSE 100: incluye las 100 empresas públicas más grandes del Reino Unido.
- STOXX 600: incluye las 600 empresas públicas más grandes de Europa.
- NIFTY 50: incluye las 50 empresas públicas más grandes de la India.
- ASX 200: incluye las 200 empresas públicas más grandes de Australia.
- TSX 60: incluye las 60 empresas públicas más grandes de Canadá.
- NZX 50: incluye las 50 empresas públicas más grandes de Nueva Zelanda.

S&P 500: un índice con muchos nombres

Te encuentres donde te encuentres, podemos garantizar que habrá un ETF en tu país que sigue el índice S&P 500 de Estados Unidos. Sin duda, se trata del índice bursátil más popular a nivel mundial, y con razón. Las empresas más grandes incluidas en este índice se han convertido en cruciales para nuestra vida cotidiana y tienen unos resultados increíbles en el mercado de valores.

Apple, Microsoft, Amazon, Netflix, Tesla. ¿A quién no le gustaría ser propietario de una parte de todas estas empresas? Añade algunas de las empresas estadounidenses más antiguas, pero todavía dominantes a nivel mundial (Pepsi, McDonald's, Boeing, Nike), y entenderás por qué personas de todo el mundo eligen invertir en el índice S&P 500.

Este índice también nos da un gran ejemplo de uno de los elementos confusos de la inversión. No puedes acudir simplemente a tu mercado de valores o a tu corredor de bolsa y comprar el índice S&P 500. Estos ETF indexados reciben diferentes nombres según la empresa que los haya emitido y el lugar del mundo en el que te encuentres. Lo importante, y confuso, es que todos invierten exactamente en lo mismo: en las 500 empresas más grandes de Estados Unidos.

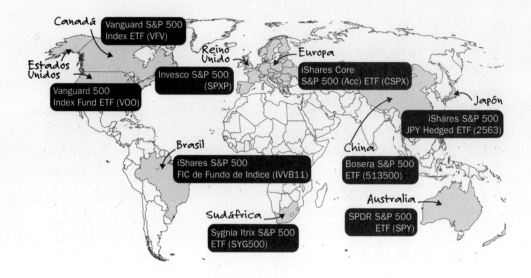

Invertir en todo el mundo

Se puede hacer el mismo ejercicio para un ETF indexado que rastrea todo el mercado de valores mundial. Para ello nos fijamos en el índice MSCI All World. Nuevamente tendrás que moverte en un mundo confuso de acrónimos para conseguir lo que quieres.

Mismo índice, diferente nombre: índice MSCI All World

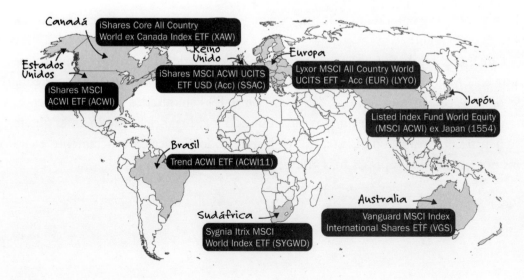

Si nos fijamos en el S&P 500 y el índice MSCI All World, dos cosas quedan claras:

1. Puedes invertir en los mismos índices bursátiles en cualquier parte del mundo.
2. Para hacerlo, hay que navegar en un mar de siglas y argot inversor.

Lo importante que debes tener presente es que, detrás de los nombres confusos de estos ETF, estás invirtiendo exactamente en lo mismo. El SPDR S&P 500 ETF australiano y el Vanguard 500 Index Fund ETF de Estados Unidos invierten los dos en las 500 empresas más grandes del mercado de valores estadounidense. Si estás un poco perdido, no te preocupes. Te diremos exactamente qué buscar.

¿En qué debería invertir?

El apartado anterior ha tratado sobre qué *puedes* invertir. Pero hemos visto que hay demasiadas opciones. En este apartado trataremos sobre qué *deberías* invertir.

Si te sientes abrumado por la cantidad de ETF que aparecen listados, la buena noticia es que puedes olvidarte de la mayoría de ellos. Puedes sólo comprar uno si quieres. Ten en cuenta que esto es para nuestra cartera de valores de *No te estreses, simplemente invierte.* No hay nada de malo en invertir en otros ETF o empresas individuales, sólo que requieren un poco más de trabajo, por lo que tendrás que buscar otro libro para eso.

Uno es suficiente

Hay ETF que son esencialmente «ETF de ETF». Agrupan varios fondos indexados en un único fondo que puedes comprar con una única transacción. Para los inversores automatizados, son exactamente lo que buscamos. Nos dan acceso al mercado de valores global con una única transacción para que podamos configurar una inversión recurrente y seguir con nuestras vidas sin tenernos que preocupar. Y garantizan que no dejemos escapar la oportunidad mientras empresas de todo el mundo trabajan para crecer y ser más rentables.

Nuestros criterios a la hora de elegir un ETF

1. Invierte al menos el 80 % de tu dinero en el mercado de valores y, si es posible, lo complementas con una pequeña exposición a otros activos (propiedades, bonos, etc.).
2. Haz un seguimiento pasivo del mercado de valores global, en lugar de gestionar o hacer un seguimiento activo de un sector en particular.
3. Ten una visión global; no inviertas en un único país.
4. La comisión de gestión anual es inferior al 0,5 % de lo invertido.

A continuación, te mostramos una selección de ETF en nuestros cinco mercados clave que cumplen con nuestros criterios clave.

ETF que se ajustan a nuestros criterios

Estados Unidos	• Vanguard LifeStrategy Growth Fund (VASGX) • iShares Core Aggressive Allocation ETF (AOA) • iShares ESG Aware Aggressive Allocation ETF (EAOA)
Canadá	• iShares Core Growth ETF Portfolio (XGRO) • Vanguard Growth ETF Portfolio (VGRO) • iShares Core Equity ETF Portfolio (XEQT)
Reino Unido	• Vanguard LifeStrategy 80 % Equity Fund (no listado, disponible a través de tu ISA) • Vanguard FTSE All-World ETF (VWRL) • SPDR MSCI ACWI ETF (ACWI)
Australia	• Vanguard Diversified High Growth Index ETF (VDHG) • Betashares Diversified All Growth ETF (DHHF) • Betashares Ethical Diversified High Growth ETF (DZZF)
Nueva Zelanda	• Smartshares Total World ETF (TWF)

Estos ETF son esencialmente «carteras de valores empaquetados». Diferentes nombres, diferentes códigos bursátiles y diferentes emisores de productos. Pero aquí reside el pequeño y turbio secreto de la industria financiera: todos invierten básicamente en las mismas acciones y bonos, y te cobran básicamente las mismas tarifas. No te dejes abrumar por la elección, porque en gran medida es una elección falsa.

Invertir en sólo uno de estos ETF globales diversificados es suficiente.

Fondos con fecha objetivo

Otro tipo de ETF que hay que tener en cuenta son los fondos con fecha objetivo. Estos fondos son similares a las «carteras de valores empaquetados» con una ligera modificación: cambian su asignación de activos con el tiempo para adaptarse a una fecha de jubilación determinada. Por ejemplo, el Vanguard Target Retirement 2050 Fund (VFIFX), que cotiza en Estados Unidos, está pensado para inversores que buscan jubilarse en 2050. Ahora, en la década de 2020, posee más acciones y se centra en el crecimiento, pero, a medida que se acerque la fecha de jubilación, tendrá menos acciones y más activos defensivos que paguen beneficios, como los bonos.

Vanguard no sólo tiene un fondo para quienes planean jubilarse en 2050:

- 2020: Vanguard Target Retirement 2020 Fund (VTWNX)
- 2025: Vanguard Target Retirement 2025 Fund (VTTVX)
- 2030: Vanguard Target Retirement 2030 Fund (VTHRX)
- 2035: Vanguard Target Retirement 2035 Fund (VTTHX)
- 2040: Vanguard Target Retirement 2040 Fund (VFORX)
- 2045: Vanguard Target Retirement 2045 Fund (VTIVX)
- 2050: Vanguard Target Retirement 2050 Fund (VFIFX)
- 2055: Vanguard Target Retirement 2055 Fund (VFFVX)
- 2060: Vanguard Target Retirement 2060 Fund (VTTSX)
- 2065: Vanguard Target Retirement 2065 Fund (VLXVX)
- 2070: Vanguard Target Retirement 2070 Fund (VSVNX)

Y Vanguard no es la única que ofrece estos fondos con fecha objetivo. Considerando únicamente 2060 como el año de jubilación, en Estados Unidos están disponibles las siguientes opciones:

- Vanguard Target Retirement 2060 Fund (VTTSX)
- Fidelity Freedom Index 2060 Fund (FDKLX)
- Fidelity Freedom 2060 Fund (FDKVX)
- State Street Target Retirement 2060 Fund (SSDYX)
- American Funds 2060 Target Date Retirement Fund (AANTX)
- TIAA-CREF Lifecycle 2060 Fund (TLXNX)
- T. Rowe Price Retirement 2060 Fund (TRRLX)

En resumidas cuentas, en Estados Unidos hay muchos de estos fondos con fecha objetivo. Y confiamos en que en los próximos años se extenderán a las bolsas de valores de todo el mundo.

Los fondos con fecha objetivo son «carteras de valores empaquetados» similares a los ETF, aunque a veces algo más reacios al riesgo. Si prefieres elegir uno de éstos, fíjate bien que cumpla con los mismos criterios que hemos descrito antes.

Para terminar este paso, queremos que recuerdes el pequeño y turbio secreto de la mayoría de estos fondos. Más allá de los nombres confusos y la abrumadora cantidad de ETF, la mayoría de ellos incluyen exactamente los mismos activos.

El poder de la indexación: conoce al otro Vincent van Gogh

La mayoría de la gente ha oído hablar de Vincent van Gogh, ya sea por su arte o por la oreja que se cortó. Menos gente ha oído hablar del otro Vincent van Gogh, quien vio mucha más riqueza en el arte que el Vincent original.

El otro Vincent van Gogh era socio del marchante de arte parisino Goupil & Cie y tío del artista Vincent. Mientras Van Gogh murió pobre y creyendo que era un artista fracasado porque sólo había logrado vender un cuadro a lo largo de toda su carrera, su tío Vincent hizo una fortuna con el arte.

En 2010, Horizon Research analizó a los mejores coleccionistas e inversores de arte del mundo y trató de comprender su secreto. ¿Qué son capaces de ver que el resto del mundo no puede? ¿Cuáles son los indicios reveladores de que una obra de arte será considerada grandiosa dentro de cincuenta o de cien años?

¿La respuesta? ¡Ninguna! Estos coleccionistas de arte no eran proféticos, sino que seguían una estrategia muy simple. Como escribe Horizon Research:

> Los grandes inversores compraban grandes cantidades de arte. Un subconjunto de las colecciones resultaban ser grandes inversiones y eran mantenidas durante un período de tiempo suficientemente largo para permitir que el rendimiento del portafolio convergiera con el rendimiento de los mejores elementos del portafolio. Eso es todo.

Compra un amplio abanico de activos y mantenlos durante mucho tiempo. Durante ese tiempo, los pocos activos excepcionales aumentarán de precio lo suficiente como para que toda la cartera de valores suba. Se parece mucho a nuestra estrategia de inversión indexada.

Hay un elemento de sesgo de supervivencia en este análisis. No mencionamos a los coleccionistas de arte que compraron grandes cantidades de arte y ninguna de sus obras aumentó de valor. Sigue siendo necesario que haya algún ganador. Pero eso es lo bueno de los fondos indexados del mercado de valores: cada trimestre se añade a los ganadores y se elimina a los perdedores.

REPITE
CON CADA PAGO

1. Cobra

2. Automatiza tu inversión

3. Compra un poco de todo

4. Repite con cada pago

No esperes
el momento adecuado

A sí es. Ésta es toda la estrategia de inversión. Regístrate en un corredor de bolsa que ofrezca automatizar la inversión, elige un ETF de índice global y continúa haciendo tu vida, con la tranquilidad de que te beneficiarás del poder de creación de riqueza del mercado de valores. Esto nos conduce a una de las preguntas más frecuentes que nos hacen en Equity Mates: «¿Cuándo es el momento adecuado para comprar?».

Y la respuesta es: «Nadie lo sabe».

Nadie puede predecir perfectamente el mercado de valores, y no hay ejemplo más claro de ello que la prensa financiera.

Hemos echado un vistazo retrospectivo a los tres colapsos bursátiles más recientes y hemos extraído algunos titulares de la época en la que el mercado de valores tocó fondo (es decir, el momento perfecto para invertir, justo antes de que el mercado de valores se recuperara). Puedes ver que, si hubieras estado atento al mercado y esperado el momento perfecto para invertir, habría sido muy fácil que te hubieras convencido de no hacerlo.

Siempre puedes encontrar un motivo para no invertir.

Si hubieras estado leyendo las noticias, buscando una señal de que era el momento adecuado para invertir, no la habrías encontrado. Y habría sido desafortunado, porque habrías dejado pasar la recuperación del mercado de valores:

- doce meses después del punto más bajo durante la crisis de la burbuja punto-com, el NASDAQ 100 había subido más de un 70 %;
- doce meses después del punto más bajo durante la crisis financiera mundial de 2008, el S&P 500 había subido más de un 50 %;
- doce meses después del punto más bajo durante la crisis de la COVID-19, el S&P 500 había subido un 70 %.

Crisis de la burbuja puntocom de 2001	Titulares
La aparición de Internet provocó un boom del mercado de valores cuando los inversores compraron muchas empresas de Internet no rentables. El índice NASDAQ 100, dominado por la tecnología, alcanzó su punto máximo en marzo de 2000; a partir de ahí, las exitosas acciones tecnológicas volvieron a desplomarse y muchas de ellas se declararon en quiebra. En su punto más bajo el 9 de octubre de 2002, el NASDAQ 100 había caído un 78%.	• *The New York Times*, 9 de octubre de 2002: Un sondeo revela que las pérdidas por préstamos han aumentado claramente • *The Wall Street Journal*, 9 de octubre de 2002: Los valores tecnológicos cierran en mínimos • *The Wall Street Journal*, 9 de octubre de 2002: Los inversores buscan posiciones defensivas • *The New York Post*, 10 de octubre de 2002: El mercado podría estar preparado para el caso de la Gran Depresión
Crisis financiera mundial de 2008	**Titulares**
El mercado inmobiliario estadounidense comenzó a colapsar en 2007 y en 2008 muchos de los bancos estadounidenses parecían inestables. Lehman Brothers colapsó, Bear Stearns fue adquirido y el gobierno del Reino Unido compró el Royal Bank of Scotland. Estos problemas bancarios desembocaron la una crisis financiera. El S&P 500 alcanzó su valor más bajo el 9 de marzo de 2009, más del 50% menos que sus máximos anteriores a la crisis financiera mundial en octubre de 2007.	• *The Wall Street Journal*, 9 de marzo de 2009: La tormenta financiera sacude México • *The Wall Street Journal*, 9 de marzo de 2009: La caída tecnológica arrastra las acciones • *Financial Times*, 9 de marzo de 2009: Obama insta a dejar que los bancos quiebren • *The New York Post*, 9 de marzo de 2009: La crisis económica de Nueva York será «profunda y prolongada»
Crisis de la COVID-19 de 2020	**Titulares**
El pánico se apoderó del mundo a principios de 2020 cuando nos dimos cuenta de lo grave que iba a ser la COVID-19. Entre mediados de febrero y mediados de marzo, el S&P 500 cayó un 31%, la caída más rápida en la historia del mercado de valores. El S&P 500 alcanzó su punto más bajo el 20 de marzo de 2020.	• *The New York Times*, 20 de marzo de 2020: Un aluvión de pérdidas de empleos amenaza con arrollar la economía estadounidense • *Financial Times*, 20 de marzo de 2020: Estados Unidos se verá inundado por demandas de desempleo • *Financial Times*, 20 de marzo de 2020: Boeing pide un rescate de 60.000 millones de dólares • *Financial Times*, 21 de marzo de 2020: Se ordena el cierre de pubs, restaurantes y gimnasios

Si hubieras prestado atención a los titulares negativos de aquel momento, te lo habrías perdido.

Es una historia tan vieja como el mercado de valores. Cuando esperas el momento perfecto para comprar, a menudo esperas demasiado, te convences de no hacerlo y acabas perdiéndotelo. Y es una pena, porque hay muchos estudios que demuestran lo importante que es seguir invirtiendo.

Revisión del Bank of America del S&P 500, 1930-2021

Década	Rentabilidad	Rentabilidad excluyendo los diez mejores días
1930	–42%	–79%
1940	35%	–14%
1950	257%	167%
1960	54%	14%
1970	17%	–20%
1980	227%	108%
1990	316%	186%
2000	–24%	–62%
2010	190%	95%
2020 (hasta ahora)	18%	–33%
Rentabilidad global desde 1930	17,715%	28% (excluyendo los diez mejores días de cada década)

Dicho de otra manera, si hubieras invertido 1.000 dólares en 1930 y no hubieras hecho nada más, tendrías 178.150 dólares. Si te hubieras perdido los diez mejores días de cada década, tendrías sólo 1.280 dólares.

Es una diferencia bestial. Y se debe a que el mercado de valores puede ser increíblemente volátil (aumenta un 6% en un día y baja un 4% al día siguiente) e impredecible. No sabes cuándo se darán los grandes días.

Un estudio de Hartford Funds afirma que muchos de estos mejores días se dan justo en medio de los mercados más difíciles. Hartford Funds descubrió que el 78 % de los mejores días del S&P 500 se dieron durante un mercado bajista (cuando el mercado de valores se desploma) o durante los primeros dos meses de un mercado alcista (cuando el mercado de valores se está recuperando de una caída).

Esto tiene sentido. El mercado de valores es increíblemente emocional. Los inversores están extremadamente preocupados y venden sus acciones, lo que provoca que los precios caigan aún más en un período malo, y luego los mercados se recuperan cuando los inversores se dan cuenta de que han reaccionado de manera exagerada. No se puede saber cuándo los inversores se darán cuenta de que han reaccionado de manera exagerada, por lo que conviene seguir invirtiendo para no perderse nada. Considerando retrospectivamente la crisis financiera mundial, el S&P 500 tocó fondo el 9 de marzo de 2009. A pesar de todos esos titulares que se preocupaban por otra recesión, el S&P 500 había subido un 30 % en mayo y más del 60 % a finales de 2009.

Si estabas esperando el momento perfecto para volver a invertir, es posible que te perdieras una oportunidad de compra única en la vida.

Hartford Funds no se remontó tan atrás como el Bank of America, pero su estudio llegó a una conclusión similar. Analizó el resultado de haber invertido 1.000 dólares en los años que van entre 1992 y 2021:

- Si hubieses dejado la inversión sin hacer nada, tendrías 20.822 dólares.
- Si te hubieses perdido los diez mejores días, tendrías 9.539 dólares.
- Si te hubieses perdido los veinte mejores días, tendrías 5.630 dólares.
- Si te hubieses perdido los treinta mejores días, tendrías 3.576 dólares.

En otras palabras, durante esos treinta años, si te perdiste los diez mejores días del mercado, habrías perdido la mitad de tus ganancias. Y si te perdiste los treinta mejores días, habrías perdido el 83 % de tus ganancias.

El poder de la inversión automatizada

Juntemos estas dos ideas: es necesario invertir en esos pocos días fantásticos *y* nadie puede predecir cuándo se darán estos días fantásticos. La única conclusión lógica es que hay que invertir en todo momento.

Por esta razón nos gusta tanto la inversión automatizada. Nos ahorra estar pensando y garantiza que estemos implicados incluso cuando hay muchos motivos para estar preocupados. Nos impide mirar el mercado y pensar: «Voy a esperar». Podríamos pensar que el mercado está sobrevalorado. Podríamos pensar que tiene que caer aún más. Hay muchas formas de interponernos en nuestro propio camino y convencernos de no invertir. La inversión automatizada es la manera que tenemos de evitarlo.

La inversión automatizada elimina la necesidad de tener que pensar en invertir. Nos impide tener dudas. Garantiza que no nos lo perdamos cuando el mercado de valores tenga uno de esos buenos días. Y lo hace todo sin pedirnos nuestro tiempo ni nuestra atención, a la vez que nos permite estar centrados en aquellas cosas con las que disfrutamos.

Sigue comprando

De acuerdo, no estamos intentando valorar el mercado, pero ¿qué debemos hacer cuando estamos preocupados por una empresa? ¿Qué debemos hacer cuando leemos determinados titulares? ¿Qué debemos hacer cuando el mercado de valores cae? Tomar prestada una frase de Nick Maggiulli: sigue comprando.

El libro de Nick *Just Keep Buying* aboga por un «enfoque de inversión agresivo» y esta mentalidad realmente se nos ha quedado grabada. En el libro argumenta que deberíamos hacer todo lo posible para invertir tanto como sea posible. Sean buenos o malos tiempos, si tenemos dinero para invertir, deberíamos invertirlo.

El mercado de valores se hundirá; esto es algo que te podemos garantizar. De hecho, Maggiulli calculó que, si elegías un día al azar entre 1930 y 2020, había un 95 % de posibilidades de que el mercado cerrara por debajo en alguna sesión bursátil posterior. Pero la buena noticia es que en ese tiempo el 100 % de las caídas del mercado de valores han sido seguidas por una recuperación.

Cuando automatizas tus inversiones, sigues comprando durante una crisis bursátil. Y durante la posterior recuperación. Y durante la siguiente crisis. Con un enfoque a largo plazo, no es motivo de preocupación.

La inversión automatizada elimina la necesidad de pensar en invertir. Nos impide dudar. Garantiza que, cuando el mercado de valores tenga un gran día, no nos lo perdamos. Y hace todo esto sin pedirnos nuestro tiempo ni nuestra atención, permitiéndonos que nos centremos en aquellas cosas con las que disfrutamos.

Si analizamos los datos históricos, vemos que esperar el momento adecuado para comprar sólo habría provocado un estrés innecesario. Para evitar este estrés, todo lo que tendrías que haber hecho es comprar con regularidad. De hecho, si hubieras invertido a menudo en el mercado de valores estadounidense durante un período de veinte años, habrías ganado.

Esta idea de comprar con regularidad se conoce como con el anglicismo *dollar-cost averaging*, que se podría traducir como coste medio de adquisición.

¿Qué es el *dollar-cost averaging*?

El *dollar-cost averaging* consiste en invertir la misma cantidad de dinero a intervalos regulares. Podrían ser 50 dólares al mes o 100 dólares a la semana. Lo que te puedas permitir. Y con el *dollar-cost averaging*, inviertes independientemente de lo que esté pasando en el mercado de valores o en la economía en general. Sin fijarte en si la gente está preocupada o está eufórica… lo ignoras y mantienes la coherencia.

¿Por qué funciona el *dollar-cost averaging*?

Parece un poco contradictorio porque todos hemos oído el dicho «compra barato, vende caro». Así que esta idea de comprar con regularidad, independientemente de si el mercado sube o baja, parece errónea. Pero hay dos cosas importantes que hay que tener en cuenta:

1. Nadie puede predecir con precisión si un mal momento es lo más bajo a lo que llegará el mercado y si un buen momento es lo más alto a lo que llegará.
2. El mercado de valores sigue una tendencia alcista a lo largo del tiempo, alcanzando niveles cada vez más altos.

El *dollar-cost averaging* te permite comprar más acciones cuando el mercado de valores está barato y comprar menos acciones cuando está caro. Con el tiempo, haces una media del precio hasta llegar a un nivel intermedio. Echa un vistazo a un ejemplo sencillo que supone que tenemos 100 dólares al mes para invertir.

	1	2	3	4	5	6	7	8	9	10	11	12
Precio de la acción	20$	10$	10$	20$	25$	33$	50$	33$	20$	20$	10$	20$
Acciones que compramos	5	10	10	5	4	3	2	3	5	5	10	5

En el transcurso de un año, el precio de las acciones cayó hasta los 10 dólares y alcanzó los 50 dólares. En los meses en los que el precio era de 10 dólares, podíamos comprar diez acciones, mientras que cuando el precio alcanzó los 50 dólares, sólo podíamos comprar dos acciones. Al invertir una cantidad constante, terminamos comprando más cuando el precio era bajo.

Si hubiéramos invertido 1.200 dólares y los hubiésemos invertido de golpe a principios de año, habríamos podido comprar 60 acciones a 20 dólares cada una. Pero como repartimos nuestra inversión a lo largo del año y pudimos comprar más cuando el mercado había caído, terminamos comprando 67 acciones. Aunque el precio de las acciones se mantuvo estable durante el año (comenzó el año en 20 dólares y terminó el año al mismo precio), hemos ganado un 12% gracias a todas esas acciones adicionales que adquirimos cuando el precio era de 10 dólares.

El *dollar-cost averaging* es tu manera de automatizar esa mentalidad de «comprar barato».

La desventaja del *dollar-cost averaging*

Ahora bien, es importante señalar que el *dollar-cost averaging* tiene alguna desventaja. La más notable es que si un mercado tiene una tendencia alcista, es mejor comprar tanto como sea posible a principios de año. Podemos invertir nuestro ejemplo hipotético para comprenderlo.

	1	2	3	4	5	6	7	8	9	10	11	12
Precio de la acción	20$	20$	25$	20$	25$	33$	25$	25$	33$	50$	33$	20$
Acciones que compramos	5	5	4	5	4	3	4	4	3	2	3	5

En este ejemplo, de manera similar comenzamos el año a 20 dólares por acción y lo terminamos a 20 dólares por acción. Pero durante todo el año el precio nunca ha bajado de 20 dólares. Esto significa que sólo terminamos el año comprando 47 acciones, mientras que si hubiéramos comprado a principios de año, tendríamos sesenta.

Dado que compramos más acciones cuando el precio era más alto, en realidad, hemos perdido un 22% durante el año, mientras que si hubiéramos comprado a principios de año nos habríamos mantenido estables.

No es lo ideal.

Aquí es donde algunas investigaciones de Nick Maggiulli pueden tranquilizarnos. Él estudió el mercado de valores estadounidense hasta 1926 y descubrió que, si elegías un mes al azar y seguías comprando todos los meses durante los siguientes diez años, había un 98 % de posibilidades de que ganaras. El rendimiento medio habría sido del 10,5 % anual, más que suficiente para generar toda la riqueza que necesitarás.

El motivo por el cual esto funciona es que, a largo plazo, el mercado de valores sigue alcanzando máximos. En nuestro ejemplo de un año, podríamos sentirnos abatidos por haber comprado acciones a 33 dólares. Sin embargo, la historia nos ha demostrado, una y otra vez, que el mercado de valores global seguirá subiendo con nuevas empresas, nuevas tecnologías y nuevos modelos de negocio, y que, si bien cuando las acciones estaban a 33 dólares quizá no fuera el momento perfecto para comprar, visto en perspectiva sí habrá sido un buen momento.

La mayoría de nosotros tenemos que invertir según el *dollar-cost averaging*

Si tienes un empleo fijo y dependes de gastar menos de lo que ganas para tener dinero sobrante para invertir, entonces muy probablemente tendrás que invertir siguiendo el *dollar-cost averaging*: la mayoría de nosotros no tenemos una gran suma de dinero en efectivo esperando para invertir.

Nos pagan, invertimos, nos pagan de nuevo, invertimos un poco más.

Si tienes un plan de jubilación, es probable que también tengas un *dollar-cost averaging* en él. Cuando te pagan y parte de ese sueldo se envía a tu plan de jubilación, ese dinero se invierte en un amplio abanico de inversiones. Así pues —quién lo iba a decir—, es muy probable que ya hayas estado invirtiendo durante años con el sistema del *dollar-cost averaging*.

El *dollar-cost averaging* en la práctica

Olvidémonos de nuestro año hipotético y veamos algunos ejemplos reales de todo el mundo.

Comenzando en Estados Unidos, si consideramos un período de veinte años desde enero de 2003 hasta diciembre de 2022 e invertimos 100 dólares al mes en el índice S&P 500, invertiríamos 24.000 dólares durante ese período. Pero si, durante este tiempo el mercado de valores va al alza, terminaríamos con mucho más de lo que hemos invertido. En diciembre de 2022, tendríamos 57.783 dólares, de modo que en veinte años habríamos más que duplicado nuestro dinero y eso sin tener en cuenta los dividendos.

Además, estas ganancias se consiguieron a pesar de algunos períodos difíciles por los que atravesó Estados Unidos: hemos visto la crisis financiera mundial en 2008 y la crisis de la COVID-19 en 2020.

Dollar-cost averaging durante veinte años: un ejemplo de Estados Unidos

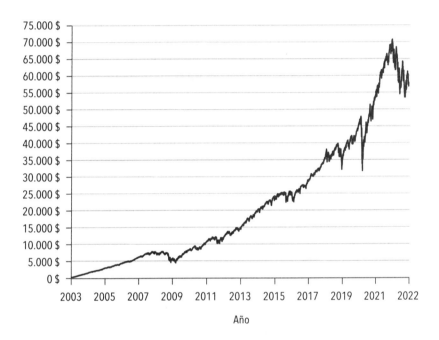

Año

Fijémonos ahora en Europa, donde podemos invertir en las mayores empresas europeas a través del índice STOXX 600. Invertir 100 dólares cada mes desde enero de 2003 hasta diciembre de 2022 también nos permitiría invertir 24.000 dólares durante veinte años. En este caso también habríamos terminado con mucho más dinero de lo que invertimos: para diciembre de 2022, tendríamos 33.328 dólares en nuestra cartera. Y eso sin tener cualquier dividendo que nos hubieran pagado durante estos veinte años. No es exactamente la duplicación del dinero que hemos visto en Estados Unidos, pero aun así habríamos terminado con un 39 % más que si hubiéramos puesto el efectivo debajo del colchón.

Dollar-cost averaging durante veinte años: un ejemplo de Europa

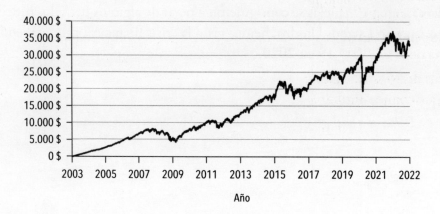

Para acabar con un tercer ejemplo, si hubiéramos tomado ese mismo dinero y lo hubiéramos invertido en el índice All Ordinaries de Australia durante ese mismo período, el resultado habría sido muy similar: 100 dólares al mes invertidos entre enero de 2003 y diciembre de 2022 nos dan 24.000 dólares invertidos, pero con una cartera final valorada en 34.657 dólares. Y eso, una vez más, sin tener en cuenta los dividendos. Así pues, incluso si hubieras tomado cada cheque de dividendos y lo hubieras gastado, tendrías casi un 50 % más que si simplemente hubieras ahorrado tu dinero en efectivo.

Dollar-cost averaging durante veinte años: un ejemplo de Australia

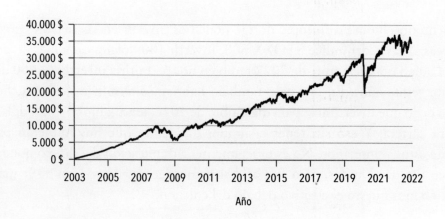

Lo que nos muestran estos ejemplos de Estados Unidos, Europa y Australia es el poder del *dollar-cost averaging*. A pesar de una crisis financiera global en 2008 y una pandemia global en 2020, los inversores que invirtieron constantemente en el índice tanto en los buenos como en los malos tiempos terminaron ganando. Olvídate de la idea de que debes esperar el momento perfecto para comprar y repítete las palabras de Nick Maggiulli:

«Sigue comprando».

¿Cuánto tengo que invertir?

Ahora que ya sabes qué vas a comprar y cuándo lo vas a comprar, la tercera pregunta es ¿cuánto vas a comprar? No hay una respuesta perfecta para esto, pero sí un par de reglas generales que seguimos.

No hay nada demasiado pequeño

Cuando tus padres quisieron invertir, es bastante probable que les dijeran que no tenían suficiente dinero. Los corredores de bolsa buscaban personas con miles de dólares o, más probablemente, decenas de miles de dólares. A muchas personas eso les impidió iniciarse en el mercado de valores.

Un par de décadas después, la cantidad mínima necesaria para invertir era de 500 dólares. Eso hizo que la inversión fuera mucho más accesible, pero para muchas personas todavía seguía estando fuera de su alcance.

Hoy en día, ninguna cantidad es demasiado pequeña y todo el mundo tiene suficiente dinero para invertir. A nivel mundial hay un número creciente de plataformas que te permitirán invertir con un dólar. Incluso hemos empezado a ver plataformas que te permitirán invertir literalmente un céntimo.

Si quieres empezar a invertir poniendo un dólar en el mercado de valores, genial. Si deseas aumentar tu inversión y comenzar a invertir automáticamente un dólar cada vez que te paguen, aún mejor.

Más adelante, cuando estés preparado para invertir más, prueba con 10 dólares cada vez que te paguen, y después con 50 dólares. Comprender cómo funciona todo y ver crecer tu dinero tiene mucha fuerza. Cuanto antes empieces, por poco que sea, mejor.

Estados Unidos	Robinhood
Canadá	Qtrade
Reino Unido	Moneybox
Australia	Sharesies
Nueva Zelanda	Sharesies

La regla de oro: invierte sólo lo que puedas permitirte perder

El mercado de valores sufre crisis. Es totalmente normal y cabe esperarlo. Se ha recuperado siempre e incluso más, a pesar de haber muchos motivos de preocupación.

Como escribió Warren Buffett en el *The New York Times* en 2008:

> En el siglo xx, Estados Unidos soportó dos guerras mundiales y otros conflictos militares traumáticos y costosos, la Gran Depresión, una docena de recesiones y pánicos financieros, crisis petroleras, una epidemia de gripe y la renuncia de un presidente caído en desgracia. Sin embargo, el Dow Jones subió de 66 a 11.497 puntos.

Las caídas del mercado de valores sólo se convierten en un problema si estás invirtiendo dinero que vas a volver a necesitar pronto: si vas a necesitar retirar dinero para pagar facturas, comprar una casa, pagar una deuda o cubrir una emergencia inesperada. El problema es que, si el mercado está a la baja cuando necesitas retirar tu dinero, podrías verte en un aprieto. Por el contrario, el dinero que inviertas debe ser dinero que sobra después de haber cubierto todos los gastos necesarios y creado un fondo de emergencia. Ese dinero sobrante, por pequeño que sea al principio, es dinero que quieres hacer crecer y que en el futuro te permitirá vivir una vida mejor.

No inviertas el dinero de otra persona

No pidas dinero prestado para invertir. No valdrá la pena el dolor de cabeza.

Hay bancos que te ofrecerán préstamos de inversión, llamando tu atención con la idea de generar riqueza más rápidamente. El problema de los préstamos de inversión es que también aumentan el riesgo de perder. No hay ganancia por la que valga la pena arruinarse. La magia de la capitalización tarda décadas en evolucionar, por lo que la prioridad número uno es seguir jugando.

Un desafío añadido con muchos préstamos de inversión es que te obligan a vender tus inversiones en el peor momento. La manera más común de pedir dinero prestado para invertir en acciones es un préstamo marginal, que, a diferencia de una hipoteca, no es necesario pagarlo poco a poco cada mes. En lugar de eso, pagas intereses cada mes y puedes utilizar el dinero del banco para invertir. Cuando vendes la inversión devuelves el dinero al banco y te quedas con el resto. Suena bien, hasta que consideramos lo que pasa si el mercado de valores cae. Entonces recibes una llamada del banco informándote de que no hay suficiente dinero en la cuenta para pagar el préstamo y que necesitas ingresar más dinero en tu cuenta.

Lo que les ha pasado a demasiados inversores es que, justo en medio de una caída del mercado de valores, cuando los inversores deberían mantenerse fuertes o comprar más, reciben una llamada del banco que los obliga a vender con grandes pérdidas. Esto a menudo significa que se pierden la recuperación y retroceden años.

Evita pedir prestado para invertir. Como dijo una vez Warren Buffett: «Mantente alejado de las deudas». Si eres inteligente, no necesitas un préstamo. Si eres tonto, no tienes por qué utilizarlo.

Si vas a invertir pequeñas cantidades, cuidado con los costes de corretaje

Lo mejor de invertir hoy en día es que nunca ha sido tan fácil ni más barato. Pero dependiendo del corredor que elijas, sigue habiendo algunos costes.

El precio principal que pagas es el corretaje, en el que la plataforma te cobra por comprar o vender lo que les dices. Hace unas décadas, esto implicaba una llamada telefónica a un corredor de bolsa real. Unas décadas antes, implicaba entrar en una oficina y hablar con alguien cara a cara.

Hoy en día todo se hace *online*. Al igual que con las compras *online*, entra en la página del corredor, busca el producto que deseas comprar, añádelo al carrito y haz el pago. Piensa en el corretaje como si fueran los gastos de envío. Y como sucede con los gastos de envío, cada vez más empresas los recortan.

En los días del corretaje cara a cara, es posible que se pagaran centenares de dólares para invertir. En los días en que se llamaba a un corredor de bolsa, los gastos bajaron y es posible que se pagaran «sólo» decenas de dólares por inversión. Con las plataformas *online*, estos gastos se redujeron todavía más. Hoy en día es posible que se esté pagando un dólar aquí, un dólar allá… o, a menudo, nada en absoluto.

Pero ten cuidado. Estas empresas tienen que encontrar una manera de ganar dinero para mantener su negocio. Si no están cobrando corretaje, es posible que te estén cobrando de otra manera (comisiones de cuenta, comisiones de cambio de divisas) o podrían estar arreglándoselas para realizar ventas cruzadas de otros productos (registro a una suscripción *premium,* registro a un asesor robótico).

Nuestra regla de oro

Intenta mantener los gastos de corretaje en el 1 % o por debajo de la cifra que estás negociando. Así, si estás invirtiendo 1.000 dólares, intenta mantener el corretaje por debajo de los 10 dólares. Y si estás invirtiendo 100 dólares, mantén el corretaje en un dólar o menos. Si inviertes de manera automatizada con frecuencia, estos gastos se acumularán.

La diferencia que puede suponer el 1 %

Si consideras que todo esto se te escapa, déjanos confiarte esto: céntrate en llevar a cabo cambios del 1 %. Estamos empezando a parecer un disco rayado, pero estos pequeños cambios del 1 % se acumulan con el tiempo.

El salario medio en Australia es de 1.250 dólares a la semana. Ahorrar un 1 % más de tu salario equivale a ahorrar 12,50 dólares adicionales a la semana. Pero con el tiempo, estos pequeños cambios del 1 % pueden suponer una gran diferencia:

- invertir el 2 % de tu salario (25 dólares a la semana)
- invertir el 3 % de tu salario (37,50 dólares a la semana)
- invertir el 4 % de tu salario (50 dólares a la semana)

Así es como sería conseguir a largo plazo el rendimiento medio del 8 % anual del mercado de valores:

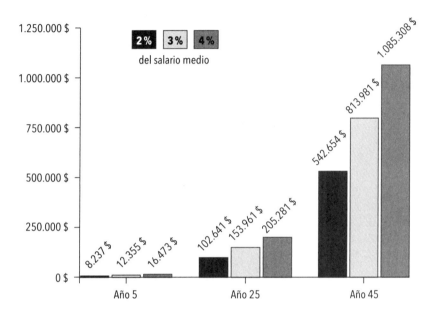

Los pequeños cambios empiezan a acumularse

Lograr esta ganancia del 1 % ahora puede suponer una gran diferencia a lo largo de los años. Y eso puede ser todo lo que necesitas hacer para tener suficiente.

LOS CUATRO PASOS

1. Cobra

2. Automatiza tu inversión

3. Compra un poco de todo

4. Repite con cada pago

Esto es todo.

¿Estamos al borde de una semana laboral de cuatro días?

Uno de los mayores ensayos de una semana laboral de cuatro días se está dando ahora mismo en Estados Unidos y el Reino Unido. Los resultados parecen prometedores.

El estudio lo está llevando a cabo la organización sin fines de lucro 4 Day Week Global junto con investigadores de la Universidad de Cambridge, del Boston College y Universidad Colegio de Dublín. Más de 900 trabajadores de 33 empresas participaron en el experimento de seis meses de duración, en el que los empleados recibieron el mismo salario, pero sólo trabajaron cuatro días. Básicamente, los trabajadores tienen un día libre remunerado cada semana.

En una noticia que a nadie sorprendería, los trabajadores estuvieron encantados. El experimento obtuvo una nota de 9,1 en una escala de 10 puntos y el 97 % dijo que quería continuar con el calendario de cuatro días.

Lo que quizá sorprenda más es que las empresas también la recibieron con los brazos abiertos. En aquellas que proporcionaron datos hubo un incremento del 8 % de los beneficios durante el período de prueba y, como anécdota, explicaron que hubo menos rotación de personal y más peticiones para ocupar puestos vacantes.

De las empresas que proporcionaron *feedback* después del ensayo, dos tercios dijeron que «sin dudarlo» continuarían con una semana laboral de cuatro días y el tercio restante estaba discutiéndolo; a estas alturas, ninguna se propuso volver a los cinco días.

De todos modos, toma estos resultados con cautela; para nosotros, estos resultados son un ejemplo clásico del efecto Hawthorne. Básicamente, esto se da cuando el comportamiento de una persona cambia porque sabe que está siendo observada. Es la ruina de muchos estudios: las personas cambian su comportamiento porque saben que forman parte de un estudio, no como consecuencia de la intervención. Y habría que pensar que en este ensayo hay un poco de efecto Hawthorne.

Piensa en cómo reaccionarías si tu jefe se te acercara y te dijera: «Vamos a probar una semana laboral de cuatro días durante seis meses; si funciona, vamos a implementarlo». Esos seis meses pueden ser los más intensos que hayas trabajado en toda tu vida. Embutirías cinco días de trabajo en cuatro días porque sabes que estás siendo observado. ¿Seguiría siendo así después de los seis meses? Responder a esta pregunta determinará en última instancia cuán cerca estamos de una semana laboral de cuatro días.

Durante décadas ha habido la esperanza de implementar una semana laboral de cuatro días. En 1956, Richard Nixon dijo que preveía una semana laboral de cuatro días en un «futuro no muy lejano». Todavía no hemos llegado a ese punto.

INVIERTE
SIN ESTRÉS

El principal motivo de estrés en el mercado de valores: ¿qué pasa si pierdo mi dinero?

El motivo más frecuente por el que la gente no empieza a invertir es porque lo consideran demasiado arriesgado.

Y eso es totalmente cierto. Estamos aquí escribiendo que tienes que poner tu dinero a trabajar y que el mercado de valores ha sido el gran creador de riqueza de la historia, pero todos conocemos a personas que han perdido su dinero en malas inversiones. Puede pasar que pierdas todo el dinero que has invertido en la bolsa. Sin embargo, te resultará muy difícil perder todo tu dinero invirtiendo de la forma en que lo explicamos en *No te estreses, simplemente invierte*.

Las empresas mueren, los índices son para siempre

La próxima vez que oigas que alguien ha perdido todo el dinero que invirtió, escucha atentamente la historia. ¿Invirtió en un índice bursátil o en una empresa concreta?

Puedes comprar ambas cosas a través de la misma plataforma de corretaje, ambas pueden tener cotizaciones bursátiles similares y ambas pueden subir y bajar de precio. Pero, cuando se trata del riesgo de perder dinero, las empresas individuales y los ETF indexados son muy diferentes.

Las empresas individuales quiebran a menudo. Y quiebran por diversas razones: mal funcionamiento de un director ejecutivo, condiciones económicas difíciles o simplemente un negocio que no tenía sentido desde el principio. Cuando una empresa individual quiebra, los accionistas rara vez recuperan su dinero. Si queda algo de dinero después de que la empresa haya pagado sus deudas, es posible que los accionistas consigan algo. Pero no esperes mucho. Si sobra dinero, ¿por qué fue a la bancarrota? Así pues, cuando inviertes en empresas individuales, puedes perderlo todo.

En su libro *Scale*, Geoffrey West calculó que desde 1950 han cotizado en el mercado de valores estadounidense unas 28.853 empresas y que 22.469 de estas empresas habían quebrado en 2009. Es decir, el 78 % de las empresas que cotizaban en el mercado de valores fueron a la bancarrota. Estas empresas no parecen grandes opciones.

Pero aquí es en lo que las empresas individuales y los índices bursátiles son diferentes. Los índices incluyen un grupo de empresas; si una empresa del índice quiebra, es sustituida por la siguiente de la lista.

Supongamos que estamos invirtiendo en el índice TSX 60 de Canadá y que la empresa más grande del índice canadiense, el Royal Bank of Canada, quiebra. Las acciones del Royal Bank of Canada pierden su valor y el índice cae. Pero entonces se incorpora al índice la sexagésimo primera empresa más grande de Canadá y el TSX60 continúa.

Cada trimestre, se incorporan y se eliminan empresas de los índices bursátiles, por lo que podemos estar seguros de que siempre estamos siguiendo a las empresas más grandes. De esta manera, a pesar de que haya empresas que desaceleran, pierden importancia o quiebran, el índice sigue funcionando.

A pesar de que Geoffrey West demostrara que el 78 % de las empresas que cotizan en el mercado de valores estadounidense quebró entre 1950 y 2009, el mercado de valores estadounidense ha crecido un 23.249 % en ese período. O, dicho de otra manera, a pesar de que más de las tres cuartas partes de las empresas quiebran, cada 100 dólares invertidos con dividendos reinvertidos se han convertido en más de 200.000 dólares.

Profundicemos un poco más y analicemos cómo.

IBM, General Electric y Apple: un ejemplo

IBM, General Electric y Apple: tres empresas de las que la mayoría de la gente ha oído hablar. Juntas son un ejemplo clásico de por qué las empresas mueren, pero los índices son para siempre.

- IBM era la mayor empresa estadounidense en 1980.
- General Electric era la mayor empresa estadounidense en 2000.
- Apple era la mayor empresa estadounidense en 2020.

Si las miramos juntas, podemos ver cómo IBM y General Electric tuvieron sus momentos de gloria, pero desde entonces han perdido importancia. Pero a pesar de ello, el índice ha seguido avanzando.

Intercambio de posiciones: IBM frente a General Electric frente a Apple

S&P 500 en 1980	S&P 500 en 2000	S&P 500 en 2020
IBM: n.º 1	General Electric: n.º 1	Apple: n.º 1
General Electric: n.º 8	IBM: n.º 11	IBM: n.º 53
Apple fue fundada en 1976 y no cotizó en bolsa hasta finales de 1980	Apple: n.º 134	General Electric: n.º 63

En la década de 1980 había un dicho en el mercado de valores: «Nadie se quema comprando IBM». Y era una empresa dominante. De hecho, IBM era dos veces más grande que la siguiente empresa más grande del mercado de valores estadounidense en los años 1983, 1984 y 1985. En 1985, IBM valía 209.000 millones de dólares. La segunda empresa más grande era el gigante petrolero Exxon, con un valor estimado de 89.000 millones de dólares. IBM se encontraba en la cima. En 1986 y 1987, los científicos de IBM ganaron en años consecutivos el Premio Nobel de Física. Pero ninguna empresa permanece en la cima para siempre.

Una nueva empresa informática, Apple, surgió para arrebatar la corona de IBM. En los casi cuarenta años que han transcurrido desde entonces, el precio de las acciones de Apple ha subido un 110.000 %, lo que supone que cada 1.000 dólares invertidos se han convertido en más de un millón de dólares. Al mismo tiempo, el precio de las acciones de IBM ha subido un 400 %, lo que supone que cada 1.000 dólares invertidos se han convertido en 5.000 dólares.

En 2015, Apple estuvo cerca de igualar la hazaña de IBM de principios de la década de 1980. Tenía casi el doble del tamaño que la segunda empresa más grande. Apple valía 759.000 millones de dólares y en segundo lugar estaba Microsoft, con 393.000 millones de dólares.

En la década de 1980, IBM impulsó el mercado de valores hacia arriba. En la década de 2000, Apple hizo lo mismo. Las empresas cambian, pero el mercado de valores en general (y aquellos que invirtieron en un índice bursátil) se ven beneficiados por ello.

Este ejemplo resulta aún más claro con General Electric, porque mientras IBM se vio superada por un competidor, General Electric cayó por un precipicio. La empresa se vio muy afectada por la crisis financiera mundial y desde entonces ya no se ha vuelto a recuperar.

Si hubieras invertido 1.000 dólares en General Electric a principios de 2000, cuando era la empresa más grande del mundo, a finales de 2022 sólo te habrían quedado 200 dólares. La acción cayó un 80% en esos 22 años. Pero si hubieras invertido 1.000 dólares en el S&P 500 a principios de 2000, a finales de 2022 habrías tenido 2.700 dólares; casi habrías triplicado tu dinero, ya que el índice subió un 170%.

Una vez más, mientras empresas concretas atravesaban problemas, el mercado de valores en general siguió creciendo. Empresas como Apple, Microsoft, Amazon o Google tomaron el control allí donde lo dejaron IBM y General Electric. Y, por difícil que sea imaginarlo ahora, en algún momento Apple, Microsoft, Amazon y Google serán desbancadas de los primeros puestos por la próxima generación de empresas que cambiarán el mundo. Es posible que algunas ya estén creciendo lentamente. Es posible que otras ni siquiera se hayan creado todavía.

De lo que podemos estar seguros es de que, sean de lo que sean, una vez que coticen en el mercado de valores y alcancen un tamaño suficiente se añadirán al índice. Y como propietarios del índice, veremos los beneficios a medida que vayan creciendo.

Un ejemplo ligeramente diferente: BHP

La experiencia estadounidense nos ofrece una visión bastante clara de cómo mueren las empresas individuales, pero el índice es para siempre. La experiencia australiana nos ofrece una perspectiva diferente, pero nos conduce a una conclusión similar.

Permítenos presentarte la empresa más grande de Australia: BHP Group.

El Australian Centre for Financial Studies examinó el mercado de valores australiano desde 1948 y descubrió que, a lo largo de las décadas, hubo una empresa que permaneció en la cima del mercado australiano.

	1948	1968	1988	2008	2023
1	BHP	BHP	BHP	BHP	BHP
2	CSR	North Broken Hill	Westpac Banking	Rio Tinto	Commonwealth Bank
3	Bank of New South Wales	Conzinc Rio Tinto	Alumina	Commonwealth Bank	CSL
4	ACI International	Hamersley	Conzinc Rio Tinto	National Australia Bank	National Australia Bank
5	North Broken Hill	MIM	National Australia Bank	Telstra	Westpac Banking

Si bien las empresas por debajo de BHP han ido cambiando, HBP se ha mantenido intocable a lo largo de las décadas. Y el valor de BHP ha crecido mucho durante los 75 años transcurridos desde 1948.

Cambio en el valor de BHP en los últimos 75 años

1948	1968	1988	2008	2023
82 millones de dólares	3.000 millones de dólares	13.000 millones de dólares	146.000 millones de dólares	234.000 millones de dólares

Este crecimiento –de 82 millones de dólares a 234.000 millones de dólares– es un retorno del 285.266 %. O, dicho de otra manera, 1.000 dólares invertidos en 1948 valdrían hoy casi 3 millones de dólares (y eso no incluye los generosos dividendos que BHP ha ido pagando a lo largo de los años).

Entonces, la pregunta que debemos hacernos, obviamente, es: ¿no deberíamos dedicar nuestro tiempo a buscar la próxima BHP en lugar de comprar el índice bursátil australiano? Puedes dedicarte a buscarla. No hay absolutamente nada de malo en intentarlo. Pero, si hubieras sido propietario del índice, igualmente habrías cosechado los beneficios del crecimiento de BHP. Y lo que es más importante aún: cuando llegue el momento en que BHP pierda su primer puesto, como inevitablemente sucederá, podrás disfrutar del crecimiento de cualquier otra empresa que venga a sustituirla.

La inversión indexada te permite beneficiarte del crecimiento general del mercado de valores, independientemente de la suerte de cualquier empresa concreta. Y lo que más nos gusta de esto es que te permite dormir a pierna suelta por la noche, confiando en que BHP tendrá que seguir destacando o, al igual que sucedió con General Electric desbancando a IBM y luego Apple desbancando a General Electric, aparecerá una empresa mejor y continuará donde lo dejó.

¿No se desploma nunca el mercado de valores?

La primera idea de riesgo (perder todo el dinero invertido) se mitiga al invertir en índices en lugar de en acciones individuales. Pero aún podemos perder mucho dinero invirtiendo en índices. Claro, es muy posible que nuestros primeros 1.000 dólares invertidos no lleguen nunca a cero. Pero convertir 1.000 dólares en 100 dólares seguirá siendo bastante negativo.

En primer lugar, sí se desploma: lo hemos vivido.

Si bien los índices pueden seguir avanzando, hay muchas historias terroríficas de personas que han perdido su dinero en el mercado de valores. Todos hemos oído hablar de las famosas caídas del mercado de valores. En la crisis de las puntocom de principios de la década de 2000, se evaporaron 6,2 billones de dólares de riqueza. Y en la crisis financiera de 2008 se perdieron 8 billones de dólares. (Para poner 8 billones de dólares en perspectiva, eso equivale a unos 1.000 dólares por cada persona del planeta).

Esos números son difíciles de comprender. Pero lo que no escuchamos es la riqueza generada entre esas crisis.

Nuestra historia favorita que ilustra esto proviene de la crisis financiera mundial de 2008. Uno de los mayores bancos estadounidenses que colapsó en ese momento fue Lehman Brothers. Colapsó un lunes (el lunes 15 de septiembre de 2008, para ser exactos). Ahora supongamos que hubieras invertido en todo el mercado de valores estadounidense (el índice S&P 500) el viernes anterior al colapso.

- En los seis meses posteriores al colapso de Lehman Brothers, habrías perdido aproximadamente la mitad de tu dinero (un 46 % menos que el 6 de marzo de 2009).
- Diez años después, si hubieras aguantado, habrías más que duplicado tu dinero (un aumento del 132 % el 12 de septiembre de 2018).

La crisis financiera mundial ocupó las portadas de los periódicos de todo el mundo. La recuperación posterior a la crisis financiera mundial sólo se trató realmente en la sección de economía.

Warren Buffett ha vivido quince recesiones

No hay mejor recordatorio de nuestra necesidad de aceptar las caídas del mercado de valores y dedicar nuestros esfuerzos a centrarnos en lo que sucede entre ellas, que Warren Buffett.

Ha vivido quince recesiones estadounidenses a lo largo de su vida (para quienes quieran llevar la cuenta: 1929-1933, 1937-1938, 1945, 1949, 1953, 1958, 1960-1961, 1969-1970, 1973-1975, 1980, 1981-1982, 1990-1991, 2001, 2007-2009 y 2020). Y, a pesar de todos esos desafíos económicos, ha construido una fortuna de 100.000 millones de dólares.

Si nos fijamos más detalladamente en un par de recesiones, podemos ver el efecto de éstas sobre la riqueza de Buffett a lo largo de los años.

En 1973, Buffett había amasado una fortuna de 34 millones de dólares. Con la crisis del petróleo de 1973 y el elevado desempleo y la inflación, Estados Unidos sufrió su peor crisis económica desde la Segunda Guerra Mundial. En un año, Buffett casi había perdido la mitad de su riqueza. De 34 millones de dólares que tenía en 1973, en 1974 sólo le quedaban 19 millones de dólares. ¡Ay!

Luego la economía se estabilizó, el mercado de valores se recuperó y la riqueza de Buffett siguió creciendo. En 1977, su patrimonio neto había aumentado a 67 millones de dólares. El mercado de valores se había recuperado y su cartera de valores, también.

Avanzamos cincuenta años y vemos que se repite la misma lección durante la crisis de la COVID-19 de 2020. Buffett, mucho mayor y mucho más rico, tenía en 2019 un patrimonio valorado en 82.000 millones de dólares. Con la aparición de la COVID-19 y la caída del mercado de valores en marzo de 2020, Buffett tuvo un regalo desagradable para su nonagésimo cumpleaños: su patrimonio neto se redujo a 67.000 millones de dólares. Lo superó en 1974 y lo volvió a superar en 2020. El mercado de valores se recuperó y también su cartera de valores. En 2021, Buffett tenía una riqueza de 96.000 millones de dólares.

Si empezamos a parecer un disco rayado, es sólo porque queremos destacarlo. El mercado de valores acaba recuperándose. Sólo que no aparece en grandes titulares de noticias.

El triunfo de los optimistas

Tres profesores de la London Business School, Elroy Dimson, Mike Staunton y Paul Marsh, llevaron a cabo el estudio más amplio sobre los rendimientos del mercado de valores, trabajo publicado en el libro *Triumph of the Optimists: 101 Years of Global Investment Returns*. Los autores examinaron los rendimientos después de la inflación y descubrieron que una inversión de un dólar en el mercado bursátil mundial en 1900 valdría 295 dólares en 2000. También calcularon los rendimientos reales a cien años de los mercados bursátiles de todo el mundo. Algunos de los mejores fueron:

- Suecia, con un 7,6 % anual (convirtiendo un dólar en más de 1.500 dólares)
- Australia, con un 7,5 %
- Sudáfrica, con un 6,8 %
- Estados Unidos, con un 6,7 %

La razón por la cual los profesores titularon su libro *Triumph of the Optimists* es que el mercado de valores generó todo este dinero para los inversores a pesar de que había muchos motivos para estar nerviosos. Cada década del siglo XX tuvo acontecimientos catastróficos.

El mercado de valores ha escalado un muro de preocupación

Seamos realistas sobre nuestro plazo de tiempo

Obviamente, quizás estés pensando que durante cien años el mercado de valores ha seguido una tendencia al alza, pero si hago mi primera inversión en 2023, no podré disfrutar de los beneficios de mi inteligente gestión financiera en 2123.

Además, Warren Buffett es un ejemplo poco realista. Hizo su primera inversión a los 11 años y ahora tiene 92 años. La mayoría de nosotros no disponemos de 81 años para llegar a ver los frutos de nuestras inversiones.

La mayoría de las personas empezamos a trabajar a los veinte años y dejamos de trabajar hacia los sesenta, lo que significa que tenemos cuarenta años para generar riqueza. Si analizamos la historia del mercado de valores, podemos ver que el rendimiento ha estado ahí.

Si hubiéramos invertido 100 dólares en el mercado de valores de Estados Unidos en 1980 y reinvertido todos los dividendos que nos han pagado, en 2020 tendríamos 9.789 dólares. Esto a pesar de la caída del Lunes Negro de 1987, la caída de las puntocom de 2000, la crisis financiera mundial de 2008 y la crisis de la COVID-19 de 2020.

Si hubiéramos invertido 100 dólares en el mercado de valores australiano en 1980 y reinvertido todos los dividendos que nos han pagado, en 2020 tendríamos 7.187 dólares. De nuevo, esto a pesar de los muchos motivos para entrar en pánico durante este período de cuarenta años.

Pero una vez más leemos tu pensamiento: el período de cuarenta años comprendido entre 1980 y 2020 puede haber sido una época dorada. Así que veamos por qué, cuando pensamos a largo plazo, el mercado de valores se vuelve muy predecible.

No te preocupes
por el corto plazo

Estamos deseando poder quitarte el estrés que sientes cuando arriesgas tu dinero en el mercado de valores. Si invertimos en el índice en lugar de en acciones de empresas concretas, reducimos el riesgo de que una empresa quiebre y se lleve con ella nuestra jubilación. Si invertimos a largo plazo, sabemos que el mercado de valores se ha recuperado históricamente de sus caídas. Finalmente, cuando nos fijamos en los incrementos de treinta o de cuarenta años, vemos que en realidad el mercado de valores resulta bastante predecible.

Observemos el mercado de valores de Estados Unidos entre 1900 y 2020, en incrementos de diez, veinte y treinta años.

En los períodos de diez años, los rendimientos varían enormemente:

- En la década de 1950, los inversores vieron crecer su dinero a un ritmo del 18,7 % anual, lo que significa que 1.000 dólares invertidos se habrían convertido en 5.553 dólares.
- Por el contrario, en la década de 1910, los inversores vieron crecer su dinero a una media del 4,7 % anual. Esto habría convertido 1.000 dólares en 1.583 dólares.

¡Una diferencia enorme! Y ni siquiera hemos hecho referencia a las décadas de 1930 o de 2000, durante las cuales los inversores perdieron dinero.

Crecimiento anual medio del S&P 500 (con dividendos reinvertidos)

Década	Incremento a los 10 años	Incremento a los 20 años	Incremento a los 30 años
1900	9,9%	7,2%	9,9%
1910	4,7%		
1920	15,5%	7,4%	
1930	–0,1%		9,0%
1940	9,2%	13,9%	
1950	18,7%		
1960	7,9%	7,0%	10,1%
1970	6,2%		
1980	16,6%	17,4%	
1990	18,2%		10,1%
2000	–0,6%	6,2%	
2010	13,5%		

Pero si ampliamos el período, los rendimientos se vuelven más consistentes. Cuando analizamos los rendimientos a lo largo de treinta años, cada uno de estos períodos tiene un promedio de entre el 9,0 y el 10,1 % anual.

- Entre 1930 y 1960, al 9,0 % anual, 1.000 dólares invertidos valdrían 13.268 dólares.
- Entre 1990 y 2020, al 10,1 % anual, 1.000 dólares invertidos valdrían 17.932 dólares.

Sigue habiendo una diferencia, pero no tan grande como la mayoría de la gente esperaría. Por eso nos gusta recordar que a largo plazo el mercado de valores se vuelve muy predecible. Lo que sucede es que resulta difícil pensar a largo plazo, más allá del día a día inmediato. Como ya hemos dicho antes en *No te estreses, simplemente invierte*, nuestros cerebros no han sido creados para ello.

Del mismo modo que acabamos de hacer para el índice S&P 500 estadounidense, hemos echado un vistazo al índice bursátil All Ordinaries de Australia.

Crecimiento anual medio del All Ordinaries (con dividendos reinvertidos)

Década	Incremento a los 10 años	Incremento a los 20 años	Incremento a los 30 años
1900	13,6%	11,6%	12,9%
1910	9,7%		
1920	15,4%	12,8%	11,8%
1930	10,2%		
1940	10,1%	12,7%	
1950	15,3%		
1960	14,0%	11,3%	13,4%
1970	8,6%		
1980	17,7%	14,3%	9,2%
1990	11,0%		
2000	8,9%	8,4%	
2010	7,9%		

En primer lugar, se trata de un impresionante rendimiento para el mercado de acciones de Australia a lo largo de 120 años. El mercado de acciones de Australia fue uno de los de mayores ganancias del siglo XX, pero esto no lo explica del todo. Las empresas australianas también pagan dividendos muy generosos (y el gobierno australiano les otorga un trato fiscal muy generoso). Reinvertir dividendos año tras año tiene una gran fuerza.

Una vez más, podemos ver que, analizando períodos de diez años, hay un amplio abanico de resultados. Si hubieras invertido en Australia en las décadas de 1950 o de 1980, habrías ganado más del 15% anual. En cambio, si hubieras invertido en las décadas de 1910, 1970 o en las más recientes, habrías ganado menos del 10% anual. Si ampliamos el zoom y miramos a más largo plazo, vemos lo mismo que hemos visto en Estados Unidos: a largo plazo, los rendimientos del mercado de valores se vuelven muy consistentes. El mercado de valores crece constantemente y crece más rápido que la inflación.

Elige cualquier ventana de treinta años y los rendimientos anuales medios serán similares

Ventana de 30 años	Australia (All Ords)	Estados Unidos (S&P 500)
1900-1929	12,9%	9,9%
1910-1939	11,7%	6,5%
1920-1949	11,9%	8,0%
1930-1959	11,8%	9,0%
1940-1969	13,1%	11,8%
1950-1979	12,6%	10,8%
1960-1989	13,4%	10,1%
1970-1999	12,4%	13,6%
1980-2009	12,4%	11,1%
1990-2019	9,2%	10,1%

Por eso vale la pena pensar a largo plazo como inversor. Algo que hemos visto crecer considerándolo increíblemente volátil e impredecible, en realidad, se vuelve muy predecible.

Teniendo en cuenta la inflación

Una nota final: todos estos rendimientos no se han ajustado a la inflación. Pero el quid de la cuestión cuando se trata de invertir es adelantarse a la inflación: queremos preservar nuestro poder adquisitivo. Así que hemos analizado los números y ajustado los rendimientos anuales a la inflación. Cuando miramos a largo plazo, el mercado de valores supera de manera consistente y predecible a la inflación (¡y a veces por mucho!).

Rentabilidad media anual por encima de la inflación

Ventana de 30 años	Australia (All Ords)	Estados Unidos (S&P 500)
1900-1929	(Los datos de la inflación anteriores a 1930 no están disponibles)	6,6%
1910-1939		4,5%
1920-1949		6,5%
1930-1959	8,2%	7,2%
1940-1969	8,2%	8,3%
1950-1979	5,7%	6,7%
1960-1989	6,1%	5,0%
1970-1999	5,1%	8,1%
1980-2009	7,6%	7,3%
1990-2019	6,5%	7,5%

¿Qué pasa si sucede lo peor?

A la hora de escribir este libro, lo que siempre nos ha puesto más nerviosos ha sido el pensamiento *¿y si nos equivocamos mucho?* Existe una industria artesanal a la hora de hacer predicciones financieras catastróficas y, a pesar de que intentes mantener la calma, esas predicciones nefastas a veces acaban afectándote.

> *¿Qué pasa si el dólar estadounidense colapsa?*
>
> *¿Qué pasa si nuestro gobierno colapsa por culpa de elevada deuda?*
>
> *¿Qué pasa si toda la economía mundial es sólo un castillo de naipes gigante y el día que publicamos este libro resulta ser el día en que colapsa?*

Incluso nosotros mismos, al escribir la sección titulada «Invierte sin estrés» del libro *No te estreses, simplemente invierte*, comenzamos a ponernos nerviosos pensando en qué era lo peor que podría pasar.

Las catástrofes ocurren. Los cisnes negros pillan al mundo por sorpresa y cambian el curso de la historia. Después de la Revolución Rusa de 1917, se cerró el mercado de valores ruso y se nacionalizaron todas las empresas. Los inversores en empresas rusas perdieron todo su dinero. Rusia no tuvo un mercado de valores hasta su surgimiento postsoviético en 1992. Hay historias similares en todo el mundo: China entre 1949 y 1990; Egipto entre 1962 y 1992; Chile entre 1971 y 1974…

Más allá de las revoluciones, también ha habido momentos en la historia en los que un país alcanzó su punto máximo y nunca más ha vuelto a sus máximos anteriores. El interminable motor de crecimiento del que depende el capitalismo ha fallado.

Tal vez los últimos 120 años de historia económica no sean una buena guía para los próximos 120 años. Tal vez. Pero he aquí por qué todavía confiamos en esta estrategia de inversión: *durante los últimos 120 años, todo lo que podía salir mal ha salido mal*:

- Guerras mundiales (1914-1918 y 1939-1945)
- Pandemias globales (1918 y 2020)
- Revoluciones (Rusia en 1917 y China en 1949 han sido las más destacadas)
- Crisis económicas (1929 y 2008)
- Períodos de elevada inflación (década de 1970) y deflación (década de 1930)
- Accidentes nucleares (Chernobyl en 1986 y Fukushima en 2011)
- Crisis medioambientales (crisis alimentaria mundial en la década de 1970 y agujero en la capa de ozono en la década de 1980)

Sinceramente, sea lo que sea lo que te preocupa, probablemente ya haya pasado.

Veamos un par de ejemplos de países que han vivido acontecimientos catastróficos y cómo se habría comportado el inversor de a pie en el mercado de valores.

Las décadas perdidas de Japón

La década de 1980 fue una época dorada para Japón. La economía japonesa, que tardó en emerger de los años posteriores a la Segunda Guerra Mundial, se encontraba en pleno auge en la década de 1970. A mediados de esa década, Japón se había hecho con el 21 % del mercado mundial de automóviles, y en la década de 1980, el país ya era la segunda economía más grande del mundo.

Pero 1989 resultó ser el punto culminante para Japón. A finales de 1990, el mercado de valores de Tokio había caído un 38 % y se habían perdido billones de dólares de riqueza.

Desde entonces, Japón ha atravesado por dificultades. Una baja tasa de natalidad y bajos niveles de inmigración han hecho que la población en edad de trabajar del país se haya ido reduciendo a la vez que ha ido creciendo su población de mayor edad. Paralelamente a la reducción de la población activa de Japón, también se fue reduciendo la base impositiva del gobierno, lo que lo obligó a pedir prestado dinero para pagar los servicios gubernamentales. La deuda pública de Japón es de 1.280 billones de yenes (9,2 billones de dólares) o el equivalente al 266 % del PIB de Japón (en comparación, los 31 billones de dólares de deuda pública de Estados Unidos representan el 96 % del PIB).

Cuando el gobierno japonés se vio obligado a endeudarse, las empresas japonesas lucharon por conservar su participación en el mercado mundial. En 1989, 32 de las 50 empresas públicas más grandes del mundo eran japonesas. Sin embargo, en 2018, sólo una empresa japonesa permanecía entre las 50 primeras (Toyota).

En 2021, más de treinta años después de que el mercado de valores alcanzara su máximo en 1989, el mercado de valores de Japón alcanzó brevemente nuevos máximos. Sin embargo, desde entonces ha vuelto a caer.

Suena como el escenario de una pesadilla. Para aquellos inversores que quieren acumular riqueza para una jubilación más cómoda, quizás no haya funcionado. Seguramente en Japón este enfoque del *dollar-cost averaging* sobre los ETF indexados no tenga sentido.

Si hubieras comenzado a invertir 100 dólares al mes en 1985 justo en plena época dorada de Japón y los hubiera seguido invirtiendo durante los siguientes treinta años, aún estarías ganando. Entre 1985 y 2015 habrías invertido 36.000 dólares, y a finales de 2015, tu cartera de valores valdría 50.306 dólares.

¿Cómo puede seguir subiendo tu cartera de valores a pesar de la crisis generalizada de 1989 y las décadas de problemas económicos que vinieron después? Cuando aplicas el método del *dollar-cost averaging*, compras cuando el mercado está en sus valores máximos (en 1989) pero también en sus mínimos (en 2008), y en todos los momentos intermedios. Incluso en Japón, uno de los mercados bursátiles con peor rendimiento durante este período, habrías ganado dinero. Éste es el poder de invertir cantidades constantes de dinero en el mercado de valores.

El mundo en tus manos

Una breve observación para cualquiera que lea esto en Japón: no es necesario invertir sólo en el mercado de valores japonés. Hay ETF cotizados en Japón que te ofrecen acceso a acciones de todo el mundo. Por ejemplo:

- Si quieres invertir en Estados Unidos, SPDR S&P 500 ETF (símbolo bursátil: 1557)
- Si quieres invertir en Europa, UBS ETF EUROSTOXX 50 (símbolo bursátil: 1385)
- Si quieres invertir en el Reino Unido, UBS ETF FTSE 100 (símbolo bursátil: 1389)

Un recordatorio importante de que puedes invertir en todo el mundo, vivas donde vivas.

Gran Bretaña: el ocaso del imperio

A principios del siglo XX, Gran Bretaña era la mayor potencia mundial. El imperio británico fue el más grande de la historia (tenía una extensión de 35,5 millones de kilómetros cuadrados), cubría el 24 % de la superficie terrestre total y gobernaba sobre el 23 % de la población mundial. El Sol nunca se ponía en el imperio británico.

Después de la Segunda Guerra Mundial todo cambió. Gran Bretaña se encontraba al borde de la bancarrota (necesitó un préstamo de 4.330 millones de dólares de Estados Unidos en 1946) y las colonias pronto consiguieron independizarse: Pakistán y la India en 1947, Myanmar en 1948, Sri Lanka en 1948, Israel en 1948, Libia en 1951, Sudán en 1956, Ghana en 1957, Malasia en 1957, Chipre en 1960 y Jamaica en 1962. Entre 1945 y 1965, el número de personas bajo el dominio británico fuera del Reino Unido cayó de 700 millones a 5 millones.

Es probable que estés pensando que durante la decadencia del imperio británico y la posguerra, con los problemas económicos que ello suponía, el mercado de valores británico no era un buen lugar en el que invertir. Pero si desde 1945 hubieras invertido 100 libras cada mes en el mercado de valores del Reino Unido y hubieras gastado los dividendos en lugar de reinvertirlos, habrías invertido 24.000 libras durante los siguientes veinte años y tendrías una cartera de valores de 46.808 libras, lo que equivale a una media del 6 % anual (antes de dividendos).

¿Cuál es el valor de una canción?

¿Qué tienen en común Beyoncé, Bruno Mars, Taylor Swift, Bob Dylan, Neil Young, Paul Simon, The Weekend, John Legend y Wiz Khalifa? Que han vendido los derechos de su música a inversores.

Puede que no lo sepas, pero cuando escuchas música en Spotify o Apple Music, es muy probable que el dinero de esa canción no vaya a parar a un artista o a un sello discográfico, sino que a menudo va a parar a los bolsillos de algunos de los mayores inversores del mundo. Ésta es una tendencia actual en el mundo de la música: grandes artistas venden los derechos de su música por centenares de millones de dólares.

- Justin Timberlake vendió su fondo de catálogo por 100 millones de dólares en 2021.
- La familia de David Bowie vendió el suyo por 250 millones de dólares en 2022.
- Bob Dylan vendió el suyo por 300 millones de dólares en 2020.
- Bruce Springsteen vendió el suyo por 5.500 millones de dólares en 2022.
- El de Taylor Swift se vendió, sin su consentimiento, por 300 millones de dólares en 2019.

No se trata exactamente de un fenómeno nuevo. Hay una anécdota muy conocida de la década de 1980 cuando Michael Jackson y Paul McCartney colaboraron en la canción «Say Say Say». Aparentemente, McCartney le comentó a Jackson el valor del fondo de catálogo de un artista. Apenas un par de años después, Jackson pujó más alto que McCartney por la mayor parte del catálogo de The Beatles y acabó comprando los derechos de 251 canciones por 47 millones de dólares.

La venta de derechos musicales ha aumentado mucho en los últimos años. El *Financial Times* explica que recientemente se han invertido más de 3.000 millones de dólares en fondos de catálogos musicales.

¿Por qué? Porque, con el *streaming*, producen un flujo constante de ingresos. Echemos un vistazo a Justin Timberlake en Spotify; su música tiene 27 millones de reproducciones al mes. Al precio actual de 0,005 dólares por reproducción (o de 5 dólares por cada 1.000 reproducciones), su música gana 135.000 dólares al mes, es decir, 1,6 millones de dólares al año, de Spotify.

Los inversores están pagando mucho dinero para comprar esta música y luego recaudan los ingresos de *streaming* año tras año mientras el mundo sigue escuchando estas canciones.

No lo pienses demasiado: cuanto menos pensamos, mejor invertimos

En la mayoría de los aspectos de la vida, hemos aprendido que hay una relación directa entre trabajar más y conseguir mejores resultados.

- ¿Quieres ahorrar para un gran viaje? Lo mejor será hacer más horas extra en el trabajo.
- ¿Has suspendido un examen? No has estudiado lo suficiente.
- ¿Quieres perder peso? ¿Cuándo fue la última vez que fuiste al gimnasio?

Es un poco contradictorio pensar que, cuando se trata de invertir, esa relación se rompe. De hecho, a menudo es cierto lo contrario: trabajar más puede conducir a peores resultados.

Hay numerosos estudios que demuestran que, al intentar hacer más, terminamos con menos.

- Blackrock estudió los rendimientos de los inversores entre 1996 y 2015 y observó que, mientras que el mercado de valores global obtuvo un rendimiento medio del 8,2 % anual, el inversor medio obtuvo sólo un rendimiento del 2,1 % anual. ¡Debería haberse quedado con el índice!
- Dos investigadores de la Universidad de California estudiaron 66.465 hogares con cuentas de inversión entre 1991 y 1996. En ese período, el mercado tuvo un rendimiento del 17,9 % anual, el hogar medio ganó un 16,4 % anual y aquellos que compraban y vendían con más frecuencia ganaron sólo un 11,4 % anual. ¡Deberían haberse quedado con el índice!
- Investigadores en Taiwán pudieron obtener un historial comercial completo de todos los inversores taiwaneses y descubrieron que el exceso de operaciones imponía una «penalización de rendimiento anual de 3,8 puntos porcentuales». Nuevamente, ¡deberían haberse quedado con el índice!

Más allá de los estudios, esto tiene sentido intuitivo. Cada acción que llevas a cabo en el mundo financiero tiene costes. Entre comisiones, costes de corretaje y diferenciales, hay que pagar para invertir. Cuanto más compres y vendas, más grandes deberán ser los beneficios para cubrir las tarifas adicionales que tienes que pagar por ello.

Ahora bien, debemos ser claros: hay muchos inversores que consiguen más beneficios que el mercado. Pero lo que hemos aprendido es que la inversión pronto llega a un punto en el que los rendimientos son decrecientes.

El esfuerzo inicial (que hemos tratado en este libro) nos lleva de conseguir un interés garantizado aproximado del 1 % en la cuenta de ahorro de nuestro banco a conseguir un rendimiento volátil del 8 % al año en un ETF indexado. Eso es suficiente para desarrollar la seguridad financiera que la mayoría de nosotros deseamos.

No hace falta prácticamente ningún esfuerzo para conseguir la media del mercado. Para superarla, deben esforzarnos más. O buscamos gestores de fondos activos tratando de encontrar aquellos que superen la media del mercado (porque, a largo plazo, la mayoría no lo consiguen) o investigamos empresas concretas, tratando de comprender las nuevas tecnologías, seguir las tendencias de negocio y leer estados financieros. Todo un esfuerzo por encontrar la próxima empresa de éxito.

No hay nada malo en hacerlo. De hecho, nosotros lo hacemos. Tenemos nuestras carteras principales de ETF indexados y luego nos lo pasamos muy bien investigando empresas concretas y seleccionando acciones. Lo hacemos porque nos encanta, no porque sea un uso eficiente de nuestro tiempo.

Todo ese esfuerzo adicional podría llevar tu media a largo plazo hasta el 12 % o el 15 %. Si lo consigues, podrías llegar a los niveles de Warren Buffett del 20 % anual. O los niveles de Peter Lynch del 29 %. Pero estos tipos han dedicado sus vidas a esta búsqueda.

Una vez más, esto no tiene nada de malo. Evidentemente, no estamos diciendo que no conseguirías mayores beneficios si estás dispuesto a trabajar y encontrarlos. Los obtendrías. Sólo estamos diciendo que las recompensas por tu esfuerzo extra son cada vez más pequeñas.

Lo que hemos aprendido a lo largo de los seis años de desarrollo de Equity Mates es que los conceptos básicos deben ser para todos. Deberían enseñarse en la escuela. Y, lo que es más importante aún, que los conceptos básicos son suficientes.

Los conceptos básicos te permitirán volver a la playa, al campo de golf, al pub o allí donde prefieras pasar tu tiempo. Y podrás volver con la confianza de que no estás perdiendo una oportunidad ni quedándote atrás.

Si quieres hacer más… ¡genial! Tenemos un pódcast que creemos que es un excelente lugar para comenzar.

No te estás perdiendo nada

Si algo es importante para nosotros, como ahorrar para el futuro de nuestra familia, sentimos que debemos hacer algo.

Y cuando se trata del mercado de valores es muy fácil pensar que al no hacer algo nos estamos perdiendo algo. Leemos sobre empresas que obtienen grandes beneficios y nos queremos morir por no haber invertido en ellas. Escuchamos entrevistas a inversores profesionales y nos preguntamos si deberíamos trasladar nuestro dinero a su fondo. *¿Podría obtener mejores rendimientos si moviera más mi dinero o pagara a un profesional para que lo gestionara él?* La buena noticia es que probablemente no.

La investigación ha demostrado que muy pocos inversores, ya sean inversores minoristas habituales o gestores de fondos profesionales, superan de manera sistemática al mercado global.

La empresa de investigación financiera Dalbar estudió al inversor medio de Estados Unidos entre 1992 y 2021. En ese período, el S&P 500 obtuvo una rentabilidad media del 10,7 % anual. Por su parte, el inversor de acciones medio obtuvo una rentabilidad del 7,1 % al año. Al inversor medio le habría ido mejor haciendo menos y comprando el índice.

No son sólo los inversores particulares los que luchan por ganarle al mercado. A los inversores profesionales rara vez les va mucho mejor. S&P Global publica su SPIVA Scorecard, que compara a los gestores de fondos con el índice en diferentes períodos de tiempo. Resulta que muy pocos de ellos pueden superar al índice.

	5 años	10 años	15 años*
Estados Unidos (S&P 500)	13%	9%	7%
Canadá (TSX Composite)	7%	15%	
Europa (S&P Europe 350)	9%	10%	
Australia (ASX 200)	19%	22%	16%
Brasil (S&P Brazil BMI)	24%	11%	
Sudáfrica (S&P South Africa DSW Capped)	50%	30%	
India (S&P BSE 100)	6%	32%	
Japón (S&P/TOPIX 150)	10%	18%	

* S&P Global no tiene datos a 15 años para todos los países.

La conclusión clara de estas cifras es que menos de un tercio de los gestores de fondos profesionales superaron el índice del mercado de valores. Ésta es una experiencia generalizada en todo el mundo y en diferentes horizontes temporales. Recuerda: se trata de inversores profesionales, con equipos de analistas. Si les cuesta superar el índice, ¿qué esperanza tenemos de conseguirlo cuando intentamos hacerlo a tiempo parcial, haciendo equilibrios con el resto de nuestras vidas?

Por qué vale la pena tener un poco de todo

Este bajo rendimiento tanto de los inversores particulares como de los profesionales no se debe sólo a que los seres humanos seamos unos inversores terribles. (Bueno, hay un poco de eso. Recuerda: nuestros cerebros no fueron creados para esto). Se debe a que los índices son un producto de inversión increíble. A pesar de los billones de dólares invertidos en ellos en todo el mundo, podríamos decir que siguen estando subestimados.

En cada generación hay sólo un puñado de empresas que mueven el mercado de valores (y el mundo). Cuando inviertes en índices, tienes la garantía de ser propietario de esas empresas, porque eres propietario de un poco de todo.

Hendrik Bessembinder estudió todas las acciones de Estados Unidos desde 1926 y observó que «el 4 % de las empresas que cotizan en bolsa con mejores resultados explican el beneficio neto de todo el mercado de valores estadounidense desde 1926». En concreto, encontró que «sólo cinco empresas (ExxonMobil, Apple, Microsoft, General Electric e IBM) representan el 10 % de la creación total de riqueza».

Piensa en las empresas que han impulsado el mercado de valores estadounidense en los últimos veinte años: Apple, Netflix, Facebook y Google. En los veinte años anteriores fueron General Electric, IBM y AT&T. En la generación anterior había empresas como Boeing, Walmart y Ford.

El quid de la cuestión en el mercado de valores es asegurarse de ser propietario de las grandes empresas, porque ser propietario de unas pocas empresas excelentes puede compensar poseer muchas empresas a la baja. Por eso la inversión indexada funciona y por eso no te estás perdiendo nada.

Pero, si estás intentando seleccionar acciones por tu cuenta o haces que un profesional lo haga por ti, es posible que acabes perdiéndote aquellas pocas que son empresas verdaderamente únicas.

Por eso la inversión indexada ha sido tan poderosa y deberíamos esperar que siga siéndolo. Seremos propietarios de una pequeña parte de ese puñado de grandes empresas, sean las que sean. No tenemos que hacer el esfuerzo de buscar entre los informes financieros para encontrarlas. Podemos poseer un poco de todo.

Nadie puede predecir el mercado de valores

Por un lado, los índices son tan poderosos porque garantizan que tú poseerás acciones de un puñado de grandes empresas. Por otro lado, la gestión activa es muy difícil porque nadie (ni siquiera un experto bien formado) puede predecir cómo se comportará el mercado de valores.

Morgan Housel en su libro *Cómo piensan los ricos* calculó que «si uno parte de la base de que el mercado va a subir cada año por el valor de su media histórica, la precisión es mayor que si sigues las previsiones anuales medias de los veinte mejores expertos en estrategias de mercado de los grandes bancos de Wall Street». Incluso los mejores expertos de los bancos más grandes se esfuerzan por pronosticar con precisión el mercado de valores.

El padre de la selección de valores moderna dejó de seleccionar valores

Si todavía sigues pensando que te estás perdiendo algo limitándote a comprar el índice del mercado de valores, no confíes en nuestra palabra. El padre de la selección de valores moderna sentía lo mismo.

Benjamin Graham era un inversor de principios del siglo XX y es conocido como el «padre de la inversión en valores». Escribió dos libros que hoy en día siguen estando entre los libros de inversión más populares, *Security Analysis*[1] (publicado en 1934) y *The Intelligent Investor*[2] (1949). También enseñó a Warren Buffett, ahora considerado el mayor inversor de todos los tiempos. Hacia el final de su vida, el *Financial Analysts Journal* lo entrevistó y le preguntó sobre la selección de valores.

> Antaño, cualquier analista de seguridad bien capacitado podía hacer un buen trabajo profesional seleccionando valores infravalorados mediante estudios detallados; pero a la luz de la enorme cantidad de investigaciones que actualmente se llevan a cabo, dudo de que, en la mayoría de los casos, esfuerzos tan intensos generen selecciones suficientemente mejores.

Graham hizo su fortuna eligiendo valores concretos, escribió dos de los textos fundamentales sobre la selección de valores concretos y fue mentor del mejor seleccionador de valores de todos los tiempos. Sin embargo, incluso él llegó a dudar de la oportunidad de elegir valores concretos. ¿Quiénes somos nosotros para contradecirlo?

---

1. Ed. cast.: *Security analysis.* Ediciones Deusto, Barcelona, 2016. *(N. del. T.).*
2. Ed. cast.: *El inversor inteligente.* Ediciones Deusto, Barcelona, 2012. *(N. del. T.).*

La media es suficiente

Hemos empezado *No te estreses, simplemente invierte* haciendo dos preguntas:

1. ¿Cuánto dinero es suficiente para aliviar el estrés financiero y ofrecerte opciones futuras?
2. ¿Basta con esta estrategia de inversión para alcanzar esta cifra?

He aquí por qué creemos que, para la mayoría de las personas, en la mayoría de los lugares y en la mayoría de las circunstancias, la media del mercado de valores es suficiente.

Invertir en *dollar-cost averaging* en un ETF de índice diversificado, reinvertir dividendos y dejar que se acumulen durante décadas será suficiente para aliviar el estrés financiero y ofrecerte opciones futuras.

¿Adónde me llevará la media del mercado?

Como ya hemos visto, a medida que analizamos períodos de tiempo cada vez más largos, el mercado de valores resulta cada vez más predecible. De hecho, cuando analizamos el transcurso de toda una vida, el mayor determinante de la riqueza en el momento de la jubilación es la edad de inicio y la tasa de ahorro.

La buena noticia es que, para la mayoría de las personas, ahorrar sistemáticamente una pequeña parte de cada mensualidad le permitirá disfrutar de una cómoda jubilación.

Dónde puede llevarte la inversión constante a lo largo del tiempo*

	10$ a la semana	25$ a la semana	50$ a la semana	100$ a la semana	200$ a la semana
10 años	8.000$	20.000$	40.000$	79.000$	159.000$
20 años	26.000$	64.000$	128.000$	255.000$	510.000$
30 años	65.000$	161.000$	323.000$	646.000$	1.290.000$
40 años	151.000$	378.000$	756.000$	1.510.000$	3.030.000$
50 años	344.000$	859.000$	1.720.000$	3.440.000$	6.870.000$

* Se asume una rentabilidad anual del 8 %; todos los números redondeados al millar más cercano.

Ahora bien, la mayoría de la gente probablemente no tenga 200 dólares a la semana para invertir ni 50 años para esperar. Pero mira la esquina inferior derecha de la tabla de comparación y fíjate cuán poderosa puede llegar a ser la capitalización a lo largo del tiempo.

Piensa en Ronald Read, el encargado de la gasolinera y conserje, que murió con una fortuna de ocho millones de dólares. Read llevó una vida austera, invirtió de manera regular y murió a los 92 años. Es un ejemplo de libro (aunque extremo) de la parte inferior derecha de esta tabla.

No tenemos que ser Ronald Read y no necesitamos ocho millones de dólares cuando muramos. Para la mayoría de nosotros, con mucho menos tendríamos más que suficiente.

Antes en *No te estreses, simplemente invierte* hemos escrito que una buena cifra redonda a la que aspirar es un millón de dólares. Estamos seguros de que para mucha gente habrá sido desalentador, pero esperamos que sea menos desalentador ahora que ya has leído este libro.

¿Cuánto necesitas invertir para tener un millón de dólares?*

¿Cuánto falta para la jubilación?	
20 años	400$ a la semana
30 años	155$ a la semana
40 años	70$ a la semana
50 años	30$ a la semana

* Se asume una rentabilidad anual del 8 %.

La buena noticia es que hemos sido conservadores con nuestro supuesto del 8 %. Históricamente, el mercado de valores ha tenido rentabilidades más altas.

Si consideramos retrospectivamente los últimos cincuenta años, los rendimientos de los mercados bursátiles de Estados Unidos y Australia nos muestran cómo, con tiempo y capitalización, tener un millón de dólares estaba a nuestro alcance.

Cuánto necesitábamos invertir para tener un millón de dólares a finales de 2021*

	S&P 500	**ASX All Ords**
Empezando en 1972 (50 años)	8 $ a la semana	8 $ a la semana
Empezando en 1982 (40 años)	27 $ a la semana	36 $ a la semana
Empezando en 1992 (30 años)	99 $ a la semana	125 $ a la semana
Empezando en 2002 (20 años)	244 $ a la semana	354 $ a la semana

* Rentabilidad total, dividendo reinvertido.

Mirando estas cifras, intentar llegar a un millón de dólares en veinte años habría sido increíblemente difícil. Pero a medida que ampliamos nuestro horizonte temporal, la tarea empieza a parecer mucho menos desmoralizadora.

Es el estrés lo que te mata

Al fin y al cabo, la mayoría de nosotros acumularemos suficiente riqueza para vivir la vida que deseamos y jubilarnos como queramos. Y si no es así, los gobiernos tienen programas como la seguridad social o las pensiones para la vejez para evitar que vayamos a la bancarrota. Las tasas de pobreza entre los jubilados han disminuido significativamente en las últimas décadas. Lo que no ha cambiado, o según algunas medidas ha empeorado mucho, es nuestra ansiedad por el dinero.

Tal vez sean los medios de comunicación, el creciente precio de la vida o el hecho de que constantemente la gente hace más y tiene más en las redes sociales. Sea lo que sea, el estrés y la ansiedad por el dinero están por las nubes.

Los estudios muestran esto:

- Varo Bank informó que el 54 % de los *millennials* estadounidenses encuestados experimentan ansiedad casi todos los días a causa de la presión financiera.
- KeyBank descubrió que el 60 % de los estadounidenses de menos de 40 años encuestados se sienten «constantemente estresados» a causa del dinero.
- La encuesta global de Deloitte entre jóvenes de 2022 encontró que más de una cuarta parte (el 26 %) de la generación Z no creía que tendría los medios para jubilarse.

Si *No te estreses, simplemente invierte* puede hacer una cosa por ti, esperamos que sea ésta: darte la confianza de que estás haciendo lo suficiente. Aportarte el conocimiento de los pasos que debes seguir y dónde puedes detenerte. Más que nada, queremos acabar con este sentimiento que todos tenemos de que necesitamos hacer más, ganar más, ahorrar más, invertir más.

Cuando adoptamos la inversión pasiva, automatizada y a largo plazo, es sorprendente cómo cambia nuestra percepción. Empezamos a reconocer que gran parte del ruido en los mercados financieros es irrelevante.

Empezarás a ver a muchos expertos tal como son: inversores que no conseguirán superar al índice. Y comenzarás a ver los medios financieros tal como son: optimizados para conseguir clics y descargas en lugar de para convertirte en un mejor inversor.

Actualizaciones diarias de noticias, predicciones del mercado de valores, previsiones económicas…, de repente empezarás a darte cuenta de que nada de eso importa. Un gran porcentaje de la industria financiera y de los medios de comunicación financieros se centra en invertir e informar sobre el corto plazo, lo que estudio tras estudio nos dice que es una causa perdida.

Hay un poder real en darte cuenta de que no tienes que preocuparte por nada. La próxima vez que te topes con un titular sensacionalista o escuches a un experto en redes sociales decirte cómo deberías invertir, con suerte podrás empezar a sentirlo.

Si sigues los pasos que hemos descrito en este libro, perfecto. Ya estarás haciendo suficiente.

No te estreses, simplemente invierte

Volvamos al punto de partida: cuatro pasos para generar riqueza.

1. Cobra

2. Automatiza tu inversión

3. Compra un poco de todo

4. Repite con cada pago

Hemos conseguido escribir un libro entero sobre algo que podrías haber establecido en cinco minutos. Pero esperamos que lo termines con una mejor comprensión de por qué creemos que esta estrategia seguirá funcionando y por qué creemos que generará la riqueza suficiente.

Nuestras vacaciones futuras quizá sean un poco más caras

La Estación Espacial Internacional fue un triunfo de las relaciones posteriores a la Guerra Fría. Estados Unidos y Rusia, junto con Europa, Canadá y Japón, operan la estación espacial que orbita a 400 kilómetros sobre la superficie terrestre. Ha estado ocupada ininterrumpidamente desde noviembre de 2000 y hasta la fecha ha albergado a más de 250 personas de veinte nacionalidades diferentes.

Ahora que la Estación Espacial Internacional entra en su edad de jubilación (se espera que sea desmantelada en 2030), hay un nuevo tipo de estación espacial que llega a la órbita terrestre baja: la estación espacial privada.

Northrop Grumman, Axiom Space, Nanoracks y Sierra Space son sólo algunas de las empresas más destacadas que planean construir sus propias estaciones espaciales. La empresa espacial de Jeff Bezos, Blue Origin, se ha asociado con Boeing para construir la suya propia, mientras que el gigante de la defensa Lockheed Martin lidera un consorcio para construir otra. Ha comenzado la carrera espacial privada.

Pero ninguno de estos planes ha llamado más nuestra imaginación que Orbital Assembly, que planea construir la Estación Voyager (el primer hotel espacial del mundo) y la Estación Pioneer (un centro financiero en el espacio).

Diseñadas como norias, las estaciones espaciales crearán su propia gravedad artificial utilizando la fuerza centrífuga (lo que significa que no se flotará como en la Estación Espacial Internacional). Está previsto que la Estación Voyager tenga todas las comodidades que esperarías de un hotel en la Tierra: restaurantes, bares, gimnasio, *spa* y sala de conciertos. Y será grande, con capacidad para hasta 400 huéspedes.

La NASA quiere que al menos una de estas estaciones espaciales privadas entre en órbita antes de que se retire la Estación Espacial Internacional. Si estas empresas tienen éxito, podríamos terminar convirtiéndonos en la primera generación que pasa unas vacaciones en el espacio.

Epílogo: la única respuesta a la inteligencia artificial es invertir

A principios de 2023, un tema parecía captar la imaginación del mundo: la inteligencia artificial. Chatbots como ChatGPT, de OpenAI, y Bard, de Google, abrieron los ojos del mundo al poder de la inteligencia artificial. Estamos contentos de publicar este libro justo ahora, porque en seis meses ChatGPT podría estar explicando mucho mejor el poder de la inversión indexada a largo plazo que lo que acabamos de hacer.

En nuestros pódcasts y en nuestros mensajes directos en las redes sociales, ha sido un tema clave de conversación y preocupación. Dado que nos encontrábamos en el proceso de edición de este libro, hemos querido incluir un breve epílogo con algunas de nuestras ideas iniciales. Para nosotros, la respuesta más obvia a la inteligencia artificial es simple: invertir.

Existe mucha preocupación sobre qué trabajos pueden automatizarse o consolidarse gracias al poder de la inteligencia artificial. Si bien sigue siendo incierto, hay una cosa en la que confiamos: las empresas que han creado esta tecnología de inteligencia artificial o aquellas que puedan utilizarla para producir más con menos personal serán las principales ganadoras. Ganarán rentabilidad a medida que encuentren formas de automatizar cada vez más trabajos.

En lugar de seguir dependiendo de tu sueldo para generar riqueza, creemos que ahora es el momento de convertirte en copropietario de algunas empresas. Entonces, la pregunta es: ¿en qué debería invertir?

En este momento, las grandes empresas tecnológicas tienen una ventaja inicial en inteligencia artificial. Alphabet (también conocido como Google), Amazon, Microsoft y Meta en Estados Unidos, y Baidu, Alibaba y Tencent en China.

Pero, así como General Electric reemplazó a IBM y Apple reemplazó a General Electric, ¿quién sabe qué empresas serán las ganadoras finales de la inteligencia artificial?

La buena noticia es que no es necesario que intente elegir ganadores. Si sigues el estilo de inversión que hemos descrito en *No te estreses, simplemente invierte*, te asegurarás de obtener beneficios, independientemente de qué empresas serán las que lleguen al top. A medida que vayan creciendo las nuevas empresas que cotizan en el mercado de valores, se irán incluyendo en el índice. Y nos beneficiaremos de ello como propietarios del índice que somos.

La inteligencia artificial puede cambiarlo todo. O puede que esté sobrevalorada y no cambie nada. ¿Las buenas noticias? Como inversores en índices, no nos preocupa ninguna de las dos cosas. Mientras seamos poseedores del índice bursátil, no tenemos que tratar de determinar qué empresa crecerá más rápido o qué tecnología será la más ampliamente adoptada. Todo ese estrés desaparece. Podemos seguir adelante con nuestras vidas sabiendo que, independientemente de las empresas que crezcan y de la tecnología que se adopte, nos beneficiaremos de ello como propietarios del índice.

Siempre que aparece una nueva tecnología disruptiva, vemos cómo se amasan nuevas fortunas y las empresas viejas colapsan. Nadie puede decir con seguridad qué empresas serán las principales beneficiadas con la próxima oleada de la inteligencia artificial. Todo lo que podemos decir con seguridad es que, si eres propietario de una pequeña parte de las empresas más grandes del mundo, no te lo vas a perder.

Tenemos la oportunidad de ser copropietarios de algunas de las empresas que van a cambiar el mundo. No trabajes simplemente para la empresa, sé propietario de ella.

No te lo pierdas.

AGRADECIMIENTOS

Siempre hay muchas personas a las que dar las gracias cuando se llega a esta parte del libro. En primer lugar, a nuestras socias, Alice y Harriet, gracias por su continuo apoyo y paciencia mientras nuestro pequeño pódcast se convertía en nuestros trabajos de jornada completa. Estamos ansiosos por ver adónde nos lleva este viaje y dondequiera que llegue, para estar allí contigo.

A nuestras familias, Jane, Peter, Kate, Georgie y Tim, Ann y Claire, y a todos nuestros amigos, un enorme agradecimiento por el apoyo y el aliento.

Al equipo de Equity Mates, Sascha, Emily, Simon, Alf, Darcy y James. Había multitud de trabajos que podríais haber aceptado, y estamos agradecidos de que eligierais venir y trabajar con nosotros. Estamos ansiosos por ver qué más lograremos.

A todos aquellos que forman parte de la comunidad financiera australiana que nos tendieron la mano para ayudarnos o dedicaron su tiempo a enseñarnos. Su amabilidad cuando acabábamos de empezar nos animó a seguir adelante. No estaríamos escribiendo este libro si vosotros no nos hubierais enseñado. No estaríamos ayudando a nadie si vosotros no nos hubierais ayudado. Un recordatorio de que, al igual que sucede con los rendimientos de las inversiones, el conocimiento también capitaliza.

Finalmente, y lo más importante, a la comunidad de Equity Mates. Esperamos que este libro haya ayudado. Y al igual que esos expertos nos tendieron la mano y nos ayudaron en los inicios de Equity Mates, esperamos que tú puedas tender la mano y ayudar a alguien que esté intentando empezar a invertir. Comparte este libro, comparte tus conocimientos y hagamos de esta generación la más alfabetizada desde el punto de vista financiero que el mundo haya visto.

ÍNDICE